태권도 사범의
자기경영
성공전략

태권도 사부의
자기경영 성공전략

|최원교 지음

한국학술정보㈜

프롤로그

"나는 언제나 10년 앞을 내다보고 목표를
세웠고 그 목표를 향해 끊임없이
1%씩 날마다 능력을 향상시키며 전진해 나갔다.
미래의 성공은 현재의 열정에 달려 있다.
용기를 갖고 도전하면 이루지 못할 꿈이란 없다."

– 제너럴 일렉트릭사(GE) 잭 웰치 회장

꿈과 목표를 가지고 있다는 것은 참 중요하다. 뚜렷한 목표를 가지고 있는 3%의 사람들은 항상 오늘보다 나은 미래를 위해 생각하며 발전된 삶을 위해 노력해 나가는 생활을 하고 있을 것이다. 그렇다면 나머지 97%의 사람들은 그럭 저럭 생활하며 다가올 미래의 공황상태에서 벗어나지 못하며 삶을 마감하는 운명을 맞이하여야만 하는가? 통계적인 데이터를 그대로 인정해야만 하는가?

필자나 이 글을 읽고 있는 독자 모두들 3%의 사람들 속에 자신이 포함되길 원할 것이다. 하루 하루 자신이 더 나은 방향으로 변해가고 있다는 기쁨을 만끽하고 싶어할 것이다. 필자는 성공적인 3%의 속에 들어가기 위한 해법을 독자들과 함께 공유하고자 『자기경영 성공전략』이라는 도서를 집필하게 되었다.

성공적인 삶을 살아가고 있는 사람들의 공통점은 자기관리가 철저하다는 패턴을 가지고 있다. 자기 자신을 관리할 수 있는 능력을 가지고 있다는 것이기도 하다. 즉, **자기관리**라는 것이 3%의 사람들의 공통적 핵심포인트라 할 수 있다.

필자는 자기관리 즉, 자기경영을 성공적으로 달성하기 위해 크게 마인드, 실천, 창조, 주말경영으로 구성하여 집필해 나갔다.

1부 마인드경영편은 자기 자신을 되돌아 볼 수 있는 시간을 가짐과 동시에 성공한 사람들의 마인드를 벤치마킹하고자 하는 데 초점을 두며 집필해 나갔다. 2부 실천경영편은 포괄적보다는 구체적으로, 구체적보다는 세부적으로, 세부적보다는 전략적인 접근을 통해 이론적이 아닌 행동전략에 초점을 두며 집필해 나갔다. 필자는 실천경영만이 성공적인 삶의 방향으로 갈 수 있다는 것을 강조해 가며 집필해 나갔다. 3부 창조경영편은 자신이 생각하고 있는 것들을 창조적으로 표현시켜 현실로 표출시킬 수 있도록 구체적 방법들을 제시하였다. 창조적 발상들은 훈련을 통해 얼마든지 개발될 수 있다는 것을 제시하였다. 특히, 본 필자는 현재 진행 중인 『2008년 **벤처·창업경진대회**』에 직접 출품시킴으로써 자신이 창조한 것들을 전략적 방법을 통해 이익으로까지 승화시킬 수 있도록 체계적으로 접근할 수 있는 방법론을 제시하였다. 4부 주말경영편은 인생의 3분의 1은 주말이며 주말을 효율적으로 활용한다면 자신의 하고자 하는 것들은 모두 현실로 이루어낼 수 있다는 것을 필두로 집필해 나갔다.

이 도서를 읽고 있는 독자들은 자신이 하고자 하는 모든 것들이 달성되기를 간절히 바라겠다. 목표를 향해 도전하다보면 분명 뜻하지 않은 장애물들을 만나게 될 것이다. 장애물은 '자신을 더욱 강하게 만들어주는 절친한 동반자'라고 생각하길 바란다. 포기하지 않고 계속해 도전하는 자세를 잃지 않는다면 분명 3%의 사람들 속에 포함될 거라 필자는 확신한다.

끝으로 성공과 실패는 '자신의 마음가짐에 있으며 행동과 실천만

이 좌우한다'라는 말을 다시 한 번 강조하고 싶다.

『자기경영 성공전략』 도서가 여러분의 삶에 조금이라도 도움을 주는 데에 기폭제가 되기를 간절히 바라겠다.

훗날, 『태권한자 운동프로그램과 태권영어 운동프로그램이 태권도 수련생들의 뇌파활성화와 주의집중력, 자기주도학습능력, 체력 및 비만과 혈중지질의 미치는 영향』

이라는 연구를 마지막으로 필자의 태권도를 소재로 한 모든 도서를 마무리 하고자 하겠다. 태권도를 사랑하고 좋아하는 필자로서 우리나라 문화유산인 태권도가 전 세계를 알리는 중추적 역할이 되기를 소망하며 본 도서를 마무리 짓고자 한다.

2008년 6월

사무실에서 **최 원 교**

차 례

제1장 마인드경영**_11

13 성공을 부르는 "꿈"

16 변하지 않으면 도태된다

19 '꿈'이 없는 삶은 죽음과 같다

23 간절함이 인생을 바꾼다

26 매일 성공하는 상상을 품자

29 뚜렷한 목표를 가져라

39 성공을 부르는 "실 패 학"

46 '일체유심조'의 정신을 지니자

52 실패와 역경을 딛고 성공한 사람들의 마인드

제2장 실천경영**_61

63 성공에 다가서는 실천경영

67 실천전략 3단계

제3장 창조경영**_107

109   창의적인 발상을 생활화하자

118   책에서 아이디어를 얻자

128   독서도 계획적으로 경영하자

133   '아이디어' 창업으로 연결시키자

141   『2008 중소·벤처 창업경진대회』
       성공을 위한 사업계획 노트

154   창조를 현실로 실현화하는 실천법

제4장 주말경영**_175

177   주말도 경영하자

179   주말 경영으로 미래에 대비하자

182   잘못된 주말 경영은 건강을 망친다

189   주말경영 성공전략 나를 투자하라

192   주말 아침에 학원에 등록하라

195   세미나에 적극 참여하자

197   주말 실천계획목록을 작성하라

199   하고자 하는 일에 몰입하자

참고문헌**_203

제1장

마인드경영

성공을 부르는 "꿈"

삼성경제연구소가 임원급 회원 540명을 대상으로 한 "경영자를 꿈꾸는 후배들에게 성공하기 위한 최고 덕목으로 추천할 가치" 설문조사를 실시하였는데 '꿈(dream)'이라고 응답한 사람이 57.7%로 조사되었다. 이는 비전과 뚜렷한 목표의식을 가지고 있으면 성공을 만든다는 것이 그대로 입증된 결과인 셈이다.

꿈을 이루고 있다는 것은 참 아름답다. 꿈을 가지고 있는 사람들은 항상 활기차고 자신이 하고자 하는 것들을 모두 이룰 수 있다는 자신감이 가득 차 있을 것이다. 본 필자도 꿈을 이루기 위해 지금도 목표를 향해 끊임없이 전진해 나가고 있는 중이다. 이 글을 읽는 독자들에게 묻겠다. "당신은 지금 확고한 꿈을 가지고 있는가? 꿈을 이루기 위해 열심히 전진해 나가고 있는가?"

사실 꿈이 실현되고 안 되고를 떠나 꿈을 가지고 있다는 것은 참 중요하다. 꿈이 있다는 것은 목표가 있다는 것을 뜻하며 목표가 있다는 것은 희망이 있다는 것을 의미하기도 한다. 필자가 강연회에 참석할 때의 일이다. 강사가 "여러분 하버드 스타일"이라는 책을 읽어 보셨나요? 하버드 하면 생각나는 것이 무엇이나요? 지금도 하버드에 입학하기 위해 전 세계의 수재들이 열심히 공부하고 있죠? 하버드대학에 입학하기만 하면 신분상승은 보장받은 거나 마찬가지라 할 수 있습니다. 하지만 하버드대학을 졸업하기 위해서는 끊임없이 공부에 임해야 하는데 한 해에 유급되는 유학생들이 많이 나온다고 합니다. 공교롭게도 유급되는 유학생 10명 중 9명은 한국 사람들이라고 합니다. 그 원인은 무엇일까요? 영어회화능력 부족 탓일까요? 아니면 경제적 환경 탓일까요? 아닙니다. 근본적인 원인은 '꿈'이 없기 때문입니다. 하버드에 입학한 학생들은 미래의 목표를 향한 신념이 확고했기에 더욱 열심히 공부에 매달릴 수 있었습니다. 하지만 한국 유학생들은 미래의 목표를 향해 하버드에 입학했다기보다는 하버드에 입학하기 위한 목표만을 가지고 있었습니다." 목표를 향한 즉, '신념의 차이'라 할 수 있다.

1972년 미국 〈라이프지〉는 '꿈을 성취한 미국인, 존 고다드'에 대해 대서특필을 한 적이 있다. 당시 존 고다드는 자신의 나이 15세가 되던 해에 만든 127개의 인생 목표 중에서 무려 104개를 달성한 상태였었다고 한다. 이 기사 덕분에 〈라이프지〉는 사상 최대의 판매 부수를 기록했다. 존 고다드는 그 이후에도 끊임없이 자신의 꿈을 실현하여 나갔는데, 1980년 우주비행사가 되어 달에 감으로써 자신의 126번째 목표를 달성했다고 한다.

이 기사를 읽은 독자들은 어떠한 생각을 했는가? 신념과 믿음이 강하면 태산도 움직인다고 하지 않았던가? 97%의 사람들은 성공 직전에 꼭 포기한다고 한다. 그러나 3%의 사람들은 끝까지 행동에 옮겨 자신이 이루고자 하는 것들을 성취한다고 한다. 당신은 지금 97%의 사람들 속에 포함되어 있는가? 아니면 목표를 향해 전진하고 있는 3%의 사람들 속에 어깨동무하고 있는가?

꿈을 가지고 있다면 꿈을 이루기 위해 구체화하며 세분화할 수 있도록 계획표를 설계하기를 바란다. 계획표를 설계했다면 매일 그

계획표를 보며 자기 자신한테 주문을 걸어 보기 바란다. 매일 꿈이 이루어졌다는 상상을 밥 먹듯이 한다면 꿈을 달성하겠다는 성공의 신념이라는 잠재의식은 자연스럽게 만들어지게 될 것이다.

변하지 않으면 도태된다

변화경영 전문가 구본형은 "하루 두 시간 나를 계발하는 데 투자한 것이 나의 운명을 바꾸어 놓았다. 당장 오늘의 실행이 내일 나의 변신을 기약할 수 있다." 라고 말했다. 이분은 새벽 4시부터 매일 2시간씩 집필에 몰두하며 미래를 위해 자기 자신을 되돌아보는 시간을 갖는 데 새벽을 적극 활용했던 것이었다.

지금도 인터넷이나 신문 기사를 보면 많은 샐러리맨들이 더 나은 미래를 위해 자기 자신이 변화되기를 간절히 바라는 것을 볼 수 있다. 어제 인터넷 신문 기사에서도 직장인들을 대상으로 하는 설문조사에서 "자기 계발"이라는 덕목이 59.1%라는 데이터가 나왔다. 자기 계발이라는 것을 조금 더 깊게 생각한다면 학습이나 어떠한 동기부여를 통해 자신을 변화시키고자 하는 반증이기도 하다. 하지만 대부분의 직장인들이 아쉽게도 자기 계발이라는 신념이 마음속 깊은 곳에 간직만 한 채 자기 자신의 변화된 삶과 생활을 영위하지 못하고 있다. 하고자 하는 강력한 신념이 부족하기에 행동으로까지 연결시키지 못하고 있는 것이다. 자! 그럼 기업이라는 성공 전략을 예를 들어 보도록 하겠다.

"모든 조직에서 3분의 1은 변화를 지지하는 사람들이고, 3분의 1은 지지하지는 않지만 설득하면 동참할 수 있는 사람들이다. 그리고 나머지 3분의 1은 변화를 끝까지 거부하는 사람들이다. 하지만 변화를 거부하는 사람들이라 해도 그들에게 경영 개선을 위한 방안을 제시하라고 하면 긍정적인 의견을 쏟아 낸다."

이 말은 세계 최대의 필름 회사 이스트만 코닥의 CEO 안토니오 페레스가 주창한 '3분의 1 법칙'은 침몰 직전인 코닥을 미국 디지털 카메라 시장의 절대 강자로 올려놓은 경영혁신이었다. 그의 혁신의 핵심은 변화였다. 미래를 예측하고 발 빠르게 행동으로 옮겨 대비해야만 경쟁에서 살아남을 수 있다는 것이다.

본 필자도 태권도장을 운영하고 있는 1인 사업가다. 지금도 신문이나 많은 정보들을 취사선택해 고객의 욕구에 부응시켜 드리고자 노력하고 있는 중이다. 그 이유는 고객들 즉, 학부모들은 늘 새로운 것을 갈망하고 있기 때문이다. 고객들의 욕구를 충족시켜 드리기 위해서는 끊임없이 고객들이 앞으로 무엇을 원하고자 하는지, 미래에 대한 트렌드를 빨리 찾아내어 보답해 드리고자 하는 혜안이 필요했다. 세상은 너무 빠르게 변화되어 가고 있다.

변화되어 가고 있는 환경 속에 적응하기 위해서는 자기 자신을 되돌아보는 시간을 갖기 바란다. 당신이 진정 주어진 상황 속에 불편함 없이 만족을 느낀다면 별 걱정을 하지 않겠지만 미래에 대한 불안감, 앞으로의 삶을 더욱 발전시키고자 하는 마음이 있다면 자신을 되돌아 볼 수 있는 성찰의 시간들을 확보할 필요가 있다. 그럼 눈빛이 달라질 것이다. 물이 웅덩이에 고여 있으면 어떻게 되겠는가? 시간이 지나면 지날수록 물은 썩어 고약한 냄새가 날 것이다. 변화되지 않는 생활도 웅덩이에 고여 있는 물과 별반 다르지 않을 것이다. 하지만 하루가 다르게 변화된 삶을 위해 실천하고 있는 중이라면 고여 있는 웅덩이의 물은 흐르는 물로 바뀔 것이다. 그럼 시간이 지나면 지날수록 웅덩이의 물은 점차 희석될 것이고 결국 깨끗

한 물로 변화되어 갈 것이다. 당신이 지금 변화되길 간절히 바란다면 마음속 깊은 곳에 내재되어 있는 갈망을 밖으로 끄집어내어 행동으로 실천하라. 그렇게 된다면 당신의 마음속 어둠의 커튼은 희망찬 성공의 커튼으로 바뀌게 될 것이다.

60년대까지 전 세계의 시계시장을 독식했던 스위스의 시계 산업은 자신들의 나라 안에서만 머물다 결국 쇠퇴하는 길로 들어서게 되었다. 디지털시계의 등장에도 불구하고 끝까지 아날로드 시계만을 추구했기 때문이다. 결국 수십 년 후 전 세계의 90%를 지배했던 스위스는 시계 산업 분야에서 8%밖에 점유하지 못하는 나라로 추락하게 되었다. 자기 자신을 변화시키고자 한다면 커다란 용기가 필요하다. 스위스 시계 산업의 예를 상기하면서 당신이 앞으로 어떠한 방향으로 나아가야 할지 깊은 사색의 시간을 갖기 바란다.

'꿈'이 없는 삶은 죽음과 같다

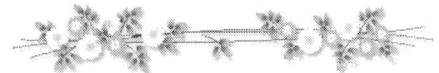

무일푼으로 시작해 2006년 2조 5,000억 원의 매출을 올린 웅진그룹 윤석금 회장은 이런 말을 했다. "인간은 산 사람과 죽은 사람으로 나눌 수 있습니다. 꿈이 없는 사람은 살아 있어도 실은 죽은 사람과 같습니다. 그런 사람은 열정이 없고 매사에 부정적이어서 함께 일을 할 수가 없습니다."

그가 밝히는 성공 비결은 '꿈을 갖자'이다. 꿈을 구체적으로 요약하자면 '늘 새로운 것을 찾는 열정'이다.

실제 그의 삶을 움직였던 꿈도 마찬가지다.

- 10대: 흰 쌀밥을 먹는 것

- 20대: 브리태니커 사전 판매를 통해 세일즈 노하우를 축적하는 것

- 30대: 동아출판사와 같은 명문 출판사를 설립하는 것

- 40대: 식품과 정수기 등을 통해 사업을 확장하는 것

- 50대: 건설과 레저 분야로 기업을 확대하는 것

- 60대: 중소기업에서 한국 최고의 기업으로 자리 잡는 것

가난한 집안에서 태어나 세일즈맨으로 직장생활을 시작한 윤 회장은 꿈을 이루어 내기 위해 매일 아침 30분씩 거울 앞에서 웃는 연습을 했다고 한다. 고객들에게 신뢰감을 주는 얼굴을 만들기 위해 끊임없이 연습을 한 것이었다. 그는 "어떤 일을 하든지 밝은 표정을 짓고 남과 다른 창의적인 방법을 이용한다."는 것이 그의 세일즈 철학이었다. 그 결과 그는 세일즈를 시작한 첫해에 세계적인 세일즈맨임을 인정하는 '윌리엄 벤튼 상'을 수상하게 되었다.

윤 회장의 성공 배경에는 또 한 가지 확신이 숨어 있었다. 무엇이든지 할 수 있다는 강한 믿음이 자리 잡고 있었다.
"나는 골프를 칠 때 내가 남들보다 퍼팅을 잘하는 편인데, 이때도 퍼팅에 성공한다는 자기 최면을 걸고 칩니다."
이러한 꿈을 이루기 위한 열정과 믿음이 그를 창업 자금 한 푼 없이 대기업을 일구어 낸 윤 회장의 성공 철학이었던 것이다.

필자도 제자들에게 "너의 꿈이 뭐니?"라고 물어보면 대부분 망설이다가 대답을 하지 못하는 경우를 많이 경험하고 있다. 꿈이 있긴 한데 발표를 하지 못하는 것은 다행이라는 위안을 삼을 수 있지만 꿈 자체가 없이 하루를 보내는 아이들을 보면 마음이 아프다. 꿈이 없다는 것은 목표가 없다는 것이나 마찬가지다. 목표가 없다는 것은 앞으로 나아갈 방향을 잃어버려 미로에 빠져 허우적거리고 있는 모습과 같을 것이다.
2차 대전 당시 미국과 일본이 치열하게 공방을 벌였던 '이오지마 전투'는 세계 전투사상 가장 치열한 전투 중 하나로 기록되어 있다.

당시 변방 섬에 불과했던 '이오지마 섬'을 놓고 미국과 일본이 수천 명의 사상자를 내면서 한 치도 양보 없는 전투를 벌였던 것은 바로 이 섬의 탈환 여부가 나머지 전투의 행방을 가름하는 중대한 역할을 하고 있었기 때문이다. 이런 이유로 미군 쪽에서는 어떤 일이 있어도 점령해야 하는 입장이었고 일본 쪽에서도 어떻게든 사활을 걸고 지켜야만 하는 입장에 서 있었다. 따라서 전투는 격렬하게 전개될 수밖에 없었다.

그럼 미군과 일본군이 많은 사상자를 내면서까지 격렬하게 전투에 임하게 만들 수밖에 없었던 이유는 무엇인가? 그것은 한마디로 요약하자면 확고한 목표가 있었기 때문이었다. 확고한 목표가 두 나라를 격렬하게 전투에 임할 수 있게끔 만들어 준 원동력이었던 것이다.

이 글을 읽고 있는 당신이 앞으로 나아갈 방향을 아직 찾지 못했다면 깊은 사색을 통해 다가올 미래의 공황상태에서 빨리 벗어나길 바란다. 자기 계발이든 재테크든 상관없다. 당신이 지금 간절히 하고자 하는 곳에 집중을 하길 바란다. 하고 싶은 분야가 결정되었다면 구체적으로 종이에 기록하길 바란다. 그러면 당신은 기록된 목표라는 문구와 일원화가 될 것이다.

어떤가? 벌써 설렘을 느끼지 않는가? 무기력이라는 공황상태에서 벗어나 하루하루가 활기찬 생활로 변화되어 간다는 생각을 하노라면 기쁘지 않은가?

당신의 눈빛은 4차원 레이저 광 빛처럼 빛나게 변해 있을 것이다. 또한 무엇이든지 "난 잘할 수 있다."라는 신념으로 변해 있을 것이다. 또한 아우토반보다 더욱 빠르게 행동하고 싶을 것이다.

당신은 지금 계획한 목표를 달성하고 싶은가? 그래서 변해 가는 당신의 모습을 느껴 보고 싶은가? 변화를 통해 경제적, 정신적 성공을

다 이루어 내고 싶은가?

지금부터 당장 시작하길 바란다. 이유는 빨리 실행으로 옮길수록 당신이 계획했던 목표들은 당신 곁으로 한층 가까이 다가오는 것을 피부로 경험하게 될 것이기 때문이다.

간절함이 인생을 바꾼다

어느 날 한 제자가 스승에게 지혜를 얻는 방법을 물었다. 그러자 스승은 아무 대답도 하지 않고 산으로 데려가 밧줄을 잡게 한 후 협곡이 심한 낭떠러지에 밀쳐 버렸다. 제자는 죽지 않기 위해 밧줄을 꼭 잡은 상태에서 힘을 주었고, 시간이 지날수록 제자는 더욱 심하게 바동거리며 올라오려고 노력했다. 마침내 스승은 밧줄을 힘껏 잡아당겨 제자를 낭떠러지에서 올라오게 한 후 이렇게 물었다.

"낭떠러지에서 밧줄을 잡고 있는 동안 네가 가장 간절히 원했던 것이 무엇이냐?"

"낭떠러지에 떨어져 죽고 싶지 않는 것이었습니다."

"그랬겠지. 지혜라는 것도 바로 그렇게 간절히 원해야 얻을 수 있는 것이다."

이 이야기가 우리에게 시사하는 것은 무엇일까? 바로 "삶은 우리가 진정으로 원하는 것만을 우리에게 준다."는 것이다. 꿈을 간직하고 그 꿈을 이루기 위한 노력을 기울일 때 그 꿈은 바로 현실로 이루어진다는 것이다. 꿈은 강력한 '신념'을 생산해 낸다. 신념은 사람의 나약한 정신을 강한 정신으로 탈바꿈하게 만들어 준다. 일종의 '플라시보 효과'를 만들어 낸다.

플라시보 효과

"신념과 이미지가 인생을 바꾼다"

플라시보 효과라는 것이 있습니다. 플라시보란 가짜 약을 말하는 것으로서, 가령 그것이 가짜 약일지라도 환자가 그것을 진짜 약으로 믿고 복용하면 실제로 치료효과가 있다는 사실이 많은 실험으로 확인되고 있습니다.

앞으로 반년밖에 못 산다고 선고를 받은 암환자에게 '그 의사의 판단은 잘못된 것으로 증상은 가벼운 것이라고 다른 의사들이 말했다. 또 훌륭한 신약이 개발되어 그 약을 복용하면 거뜬히 낫는다고 하더라.'라고 말하면서 사실은 효과가 있을 리 없는 가짜 약을 투여하자 암은 극적으로 나았다고 합니다.

같은 약을 먹는 것이더라도 하는 수 없이 억지로 먹는 것과 '이 약은 먹기만 하면 잘 낫는다.'라는 신념을 가지고 먹는 것과는 효과에 크게 차이를 보입니다. 예를 들어 신뢰하고 있는 이 아무개 박사가 지어 준 약이니까 잘 든다고 생각하고 복용하는 약의 효과는 2배, 3배로 늘어나게 된다.

이 플라시보 효과는 우리의 몸이 지니고 있는 자연치유력의 적용으로서 의학적으로도 설명이 가능합니다. 좋은 이미지나 강한 신념을 가지고 약을 먹으면 면역의 중추기능인 간뇌가 자극을 받아 그 움직임이 활발해진다는 것입니다.

〈출처: 무도철학(2002)〉

당신이 무엇인가를 이루어 내겠다는 간절함과 신념이 있다면 절대 포기하지 말기 바란다. 윈스턴 처칠이 모교에서 연설하려 할 때 교장이 이같이 말했다. "역사적인 순간이다. 윈스턴 처칠은 가장 훌륭한 연설가이다. 그의 연설을 모두 받아 적도록 하라. 잊을 수 없는 연설이 될 것이다."

처칠은 안경 너머로 학생들을 바라보며 말했다.

"절대, 절대, 절대로 포기하지 마십시오!"

그는 이 말을 남기고 자신의 자리로 가 앉았다. 청중들은 잠시 의아해했지만 이윽고 모두 일어나서 우레와 같은 박수를 보냈다.

매일 성공하는 상상을 품자

| 성공하는 상상을 품자

유대인들은 '사람은 상상하는 대로 된다'는 가치관을 갖고 있다. 대부분의 사람들이 의식하지 못하는 사이 잠재의식이라는 영적인 가치관을 기반으로 평소의 상상력으로 일을 풀어 나간다는 것이다.

우리나라 속담에서도 '말이 씨가 된다.'는 말도 있지 않던가. 은연 중 내뱉은 말이 그 사람의 운명을 좌우할 수도 있다는 것을 경계하라는 것이다. 상대방에게 긍정의 부메랑을 던지면 바로 긍정의 말로 되돌아오게 된다. 하지만 부정의 부메랑이라는 말을 던진다면 어떻게 되겠는가? 부메랑이 독화살로 변해 당신 가슴을 향해 날아올 것이다.

어제 매스컴에서 어느 유명한 방송연예인이 말 한마디 잘못해 곤혹을 치르고 있는 장면이 나왔다. 광우병이라는 사회적 민감한 부분을 경솔하게 접근했던 것이 화근이 아닌가 싶다. 네티즌들은 모든 방송에서 사퇴하라는 글과 용서하자는 글로 팽팽히 맞서고 있었다. 방송연예인이라는 공인으로서 시기적절하지 못한 말 한마디로 인해 방송에서 자진 사퇴하는 경우를 보면 말의 무서움을 다시 한 번 생각하지 않을 수 없다.

당신이 성공하고 싶다면 현재 원하는 일이 이미 일어났다고 매일 상상을 하라. 그러면 그렇게 이루어진다. 상상력은 의지력보다 10배나 강하다고 한다. 보험업계의 최고의 세일즈맨이 있었는데 기자들이 연말 시상식 때 성공비결이 무엇이냐고 물었더니 세일즈맨은 "나의 성공비결은 다름 아닌 상상력이었습니다."라고 말하는 것이었다.

그는 매일 밤 잠자리에 들기 전 10분씩을 다음날 자기가 방문할 장소와 거기에서 만나게 될 고객을 미리 상상해 보는 데 시간을 할애했다. 모든 상황을 구체적으로 떠올린 다음, 사람들이 자신을 반갑게 맞이하며 서로 정답게 대화를 나눈 후 자신의 권유에 따라 보험계약을 체결하는 장면을 '이미 일어났던 일인 것처럼' 상상하는 훈련을 했다는 것이었다.

다음 날 아침 그는 '어제 일어났던 일인 것처럼'을 구체적으로 메모를 하며 자신만의 영업실적을 만들어 나갔다. 그는 상상을 반복하고 많은 영업실적을 올린 알찬 하루를 보냈을 때를 상상하며 그 기쁨에 흠뻑 젖었다. 그 세일즈맨은 다른 사람이 몇 개월 걸려도 올릴 수 없는 약정고를 단 일주일 만에 달성하는 기록을 세우면서 성공을 계속해 나가 결국 연말에 최고의 세일즈맨이라는 영광을 얻게 된 것이다.

그 세일즈맨의 한 일은 무엇인가? 그것은 상상력의 힘이었다. 자신이 진정 원하는 것을 상상하며 행동한다면 이루어진다는 것이다.

바라는 일이 이미 이루어졌다고 상상하면서 자신의 일을 해 나가는 것은 대단히 위력적이다. 상상 속에서 소원이 성취되었을 때의 기쁨과 실제 속에서 소원이 성취되었을 때의 기쁨은 본질적으로 다를 바가 없다.

그렇게 미리 앞날의 결과를 실제처럼 강렬히 체험할 수 있는 사람은 지금 무엇을 해야 하는지를 정확히 알게 되며, 하루를 생산적이고 보람찬 생활을 보낼 것이다. 혹 이런 상상에 대해 반문하는 사람도 있을 것이다. 하지만 "행복한 미래는 현재의 열정에 달려 있다."라는 전제조건을 이해하는 사람이라면 결코 그런 말을 하지 않을 것이다.

지금부터 당신이 하고자 하는 일이 있다면 머릿속에 상상의 지도를 설계하려는 습관을 갖길 바란다. 매일 상상의 훈련을 하고 구체화하려는 노력을 한다면 상상의 밧줄은 날로 두꺼워질 것이다. 그 두꺼워진 밧줄은 당신이 성공하고자 하는 방향으로 안내해 줄 길잡이가 되어 줄 것이기 때문이다.

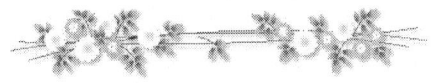

뚜렷한 목표를 가져라

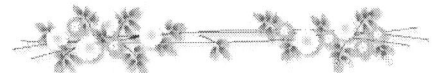

우리가 사업을 성공적으로 달성하기 위해서는 공통적으로 수반되는 이념이 있다. 기업에서 추구하는 경영 이념이나 철학이라 할 수 있다. 철학이란 목표를 성공적으로 달성하기 위한 하나의 지도 즉, 나침반의 역할을 한다는 것이다. 뚜렷한 목표의식을 가지고 있는 기업들이 이윤을 극대화할 것은 자명하다. 뚜렷한 목표 없이 사업이나 일을 추진하고자 하는 사람들은 사업실패가 목표인 사람들일 것이다. 그것은 이루고자 하려는 큰 설계도면이 없기 때문이다. 당신이 지금 살고 있는 집을 재건축을 한다고 가정해 보자. 당신이 꿈꾸어 왔었던 아름답고 멋진 집이 현실로 이루어진다는 상상을 했을 때 당신은 하루하루가 행복하며 활력이 넘쳐나는 일상생활을 영위할 것이다. 계획했던 당신의 집이 지금 시공에 들어간다고 상상을 해보자. 먼저 기초공사가 들어갈 것이다. 포클레인으로 지면 밑까지 파 내려갈 것이다. 지면 밑이 평평하게 되었다면 철근공사가 들어갈 것이다. 철근들을 좌, 우로 일사불란하게 대칭시켰다면 기둥공사에 들어갈 것이다. 기둥 안에는 자갈과 모래 시멘트의 적절한 비율과 철근이 혼합된 튼튼한 기둥으로 만들어져 세워질 것이다. 벽체는 열이나 추위로부터 안전을 확보하기 위해 외벽 및 내벽 공사 등으로 시공하고 싶을 것이다. 또한 지붕틀공사 창호공사 난방공사 처마공사 등을 시공할 것이다.

이런 단계적으로 건축공사를 진행할 수 있게 만든 것은 목표를 구체화한 건축설계도면이라는 종이가 있었기 때문에 가능했다. 만약 건축설계도면 없이 당신의 집이 공사에 들어간다고 가정해 보자. 분명 오차가 많이 생겨날 것이고 당신이 상상했었던 방향과는 점점 멀어져 나간다는 사실을 경험하게 될 것이다.

이처럼 뚜렷한 목표가 확고하다면 당신은 작은 일에도 흔들리지 않을 것이고 실패의 확률은 점점 줄어들 것이다.

제너럴 일렉트릭사(GE)의 잭 웰치 회장은 지금도 전 세계경영자들 중에서 신화적인 인물에 속하며 많은 경영자들의 연구대상 0순위에 속한다고 말한다. 그는 쓰러져 가는 회사를 어떠한 경영방식으로 성공을 이루어 냈냐는 질문을 받을 때 그는 이렇게 답했다. "나는 언제나 10년 앞을 내다보고 목표를 세웠고 그 목표를 향해 끊임없이 1%씩 날마다 능력을 향상시키며 전진해 나갔다. 미래의 성공은 현재의 열정에 달려 있다. 용기를 갖고 도전하면 이루지 못할 꿈이란 없다."

즉 장기적인 목표를 세우고 큰 꿈을 이루고자 하는 자는 한 걸음 한 걸음 착실하게 전진해 나가야 한다는 것이다. 열정을 가지고 도전하면 무엇이든지 다 이루어진다는 것으로 재해석될 수 있다.

필자는 아이들을 지도할 때 "큰 그릇은 늦게 만들어진다."라는 말을 많이 한다. 나무를 심을 때 1년을 바라보지 말고 10년을 바라보고 심으라고 말한다. 나무의 줄기와 열매만을 생각하지 말고 줄기와 열매를 만들어 준 뿌리를 생각하라고 말한다.

지금 이 글을 읽고 있는 당신은 실패하는 삶을 살고 싶은가? 목표 없이 살아가고 있는 97%의 사람들 속에 포함되고 싶은가? 그럼 지금처럼 생활패턴을 유지하는 생활을 하면 될 것이다. 그러나 당신이 목표지향적인 사람들 3%에 포함되고 싶다면 구체적인 설계도를 그려 가기 바란다.

은퇴 후 백 명 중 몇 사람만이 돈으로부터 자유롭고 부유하다. 10%는 그럭저럭 먹고살 만하다. 60%는 계속 늙은 나이에도 불구하고 하루살이처럼 일해야 생계를 유지할 수 있다.

나머지 25%의 사람들은 극빈층으로 남의 도움 없이는 살아갈 수 없는 사람들이다. 이런 차이는 목표를 가진 사람과 안 가진 사람과의 차이이다.

목표가 없는 사람은 말년에 곤경에 빠지게 된다는 것을 통계적으로도 시사하는 바가 크다.

| 성공한 사람들의 특징을 분석하자

1. 모든 일에 적극적이다

"성공은 절대 저절로 찾아오지 않는다. 성공은 적극적인 노력의 산물이다."라고 빌 게이츠가 말했다. 나태와 소극적인 자세에 임하고 있다면 성공으로 가는 당신 발목에는 쇠사슬이 묶어질 것이다. 성공한 사람들은 모든 일에 적극적으로 임하는 자세가 있어 경쟁이 치열한 현대 사회에서도 자기주도적인 리더십을 발휘하고 있다. 그래서 어떠한 시련과 난관에도 쉽게 좌절하지 않는다. 그러나 소극적인 자세로 임하고 있는 사람들은 외부의 환경에 쉽게 영향을 받는다는 공통점을 가지고 있다. 소극적인 자세를 달리 말하면 "자신감 결여"라고 말하고 싶다.

소극적인 자세에서 적극적인 자세로 전환하기 위해서는 마음속에

내재되어 있는 끊임없는 걱정과 두려움에서부터 벗어나 자유로워야
한다.

심리학자들에 의하면 걱정의 40%는 절대 현실로 일어나지 않는다
고 말하고 있다. 30%는 이미 일어난 일이었다고 말한다. 걱정의 22%
는 사소한 고민에서 비롯되고 있으며 걱정의 4%는 우리 힘으로는 어
쩔 도리가 없다고 말하고 있다. 그렇다면 확률적으로 생각해 보자.
걱정의 몇 퍼센트가 쓸데없는 것이라는 뜻인가? 96%나 된다. 결국
인간의 힘으로 막기 힘든 4%의 걱정보다 96%의 쓸데없는 부분에 온
신경을 곤두세우고 있지 않는가? 무조건 적극적으로 부딪치고 뛰기
시작하면 두려움의 50%는 사라진다고 말한다. 만약 당신이 소극적인
자세에서 벗어나고 싶다면 지금 당장 하고자 하는 일에 적극적으로
행동하길 바란다. 그렇게 되면 이미 50%는 해결된 것이나 다름없다.
또한 당신의 두뇌는 RAS라는 두뇌신경망 활성화 시스템이 저절로
작동되어 당신이 적극적인 자세로 임하게끔 도와줄 것이다.

2. 항상 자신감에 차 있다

"자신의 능력에 대해 확신을 갖는 것"이 바로 자신감이다.
자신 있는 행동은 늘 그 사람을 지켜보는 사람들에게 믿음을 심
어 준다. 상담이나 중요한 발표를 하고자 할 때 중요한 순간에 다른
사람들에게 믿음을 줄 수 있는 가장 기초적이면서도 효과적인 전달
방법으로 자신감을 꼽는다고 한다.
물론 아무 준비도 없는 상태에서 자신감이 형성되는 것은 아니다.
철저히 준비하고 계획적인 행동이 수반된다.
성공한 사람들은 항상 준비성이 철저하다는 공통점이 있다. 유비
무환의 정신을 바탕으로 "미리 준비를 철저히 하고 임하면 걱정이

오지 않는다."는 것을 너무나 잘 알고 있다.

필자가 사업적인 만남을 넘어 인생 선배로 편하게 만나는 보험에 종사하시는 분이 있는데 "억대 연봉을 받으시는 분의 영업 공통점은 무엇입니까?"라고 물어본 기억이 있다. 그러자 그분은 "해마다 저희 지점에 연간 수억 원의 성과급을 받는 분들이 많이 나오고 있습니다. 그분들은 연간 많은 성과급을 받을 수 있는 공통된 패턴을 가지고 있는데 그들은 고객을 만나기 전에 철저한 준비를 하는 것은 물론이지만 무엇보다 중요한 사실은 고객을 만나면 꼭 설득되게 만들겠다는 자신감이 가득 차 있다는 데 있습니다."라고 말씀하시는 것이었다.

당신이 스트레스를 해소하고자 실내 야구장에 간다고 하자. 자신감이 있을 때는 야구공이 축구공처럼 크게 보이지만 그렇지 못할 때는 야구공이 탁구공만 하게 작게 보일 것이다.

"무엇이든 나는 할 수 있다."라는 믿음을 잃지 말자. 그렇다면 당신은 태산 같은 장애물도 낮아 보일 것이다. 그러나 "난 할 수 있을까?"라는 의구심을 갖는다면 당신은 두더지가 쌓아 올린 흙더미도 태산처럼 높아 보일 것이다. 이것이 바로 자신감의 속성이며 관성의 법칙이다.

3. 자기관리가 철저하다

유명한 연예인이나, 기업가, 강사 등 이런 분들은 한결같이 자기관리가 철저하다는 것이다.

오늘 아침 신문 기사에 한화 송진우 선수 '삼진 2000K 돌파'라는 기사가 1면에 대서특필로 장식됐다. 정말 대단한 기록이 아닐 수 없다. 필자가 중학교 1학년에 입학했을 때 송진우 선수는 프로에 입단

했는데 슬럼프에도 굴하지 않고 지금까지 마운드에 서 있다는 자체가 놀랍기도 하다.

송진우 선수가 다승 200승 돌파 등 많은 대기록을 세울 수 있었던 것은 자기관리가 철저하다는 패턴을 가지고 있었기 때문이다. 운동선수로서 담배는 일절 피우지 않으며 술도 피할 수 없는 상황이 아니면 금주를 한다는 것이다. 또한 하루도 게을리 하지 않으며 자신의 스케줄대로 행동한다는 데 있다.

자기 컨트롤은 쉬운 일이 아니다. 스케줄을 정해 놓고 스케줄대로 행동하는 것이 말만큼 쉬운 일이 아니기 때문이다. 재미있는 술자리를 접고, 2차의 유혹도 뿌리치고 자기의 스케줄대로 가는 일은 철저한 신념이 있지 않는 한 힘들다. 철저한 자기통제는 성공한 사람들과 어깨를 나란히 할 수 있는 첫 관문이라고 말하고 싶다.

그럼 자기관리를 잘하기 위해서는 어디서부터 시작해야 되는가? 먼저 작은 것부터 하루에 하나씩, 한 시간씩이라도 차분하게 실행해 나가기를 바란다. 그러면서 차츰 실행의 영역을 조금씩 확장해 나가는 것이다. 실천영역의 원의 범위를 크게 확장해 나가라는 것이다. 하지만 자기관리의 성공을 위해서는 실천영역의 원의 범위를 방해하는 요소들을 정리할 필요가 있다. 원의 확장을 방해하는 밧줄을 끊으라는 것이다.

술꾼들이 술을 마시다 보면 처음에는 사람이 술을 먹지만 만취가 되었을 때는 술이 사람을 먹는다고 말한다. 스케줄대로 잘 진행하다가도 어느 순간에 자신의 세웠던 목표에서 빗나가게 되어 결국 그 환경에 적응이 되고 습관화되어 타협에 이르게 된다.

자기관리가 철저한 사람들은 많은 모임들 즉, 소꿉친구 모임, 초 · 중 · 고등학교 동창회 모임, 대학교 과모임, 직장동료 모임, 카페 동호회 모임, 종교 모임 등 이러한 많은 모임들을 취사선택해 만난다는 것이다. 불필요한 모임에 소중한 시간을 허비하지 않는다는 데 있다.

필자가 어느 경영연구소 소장과 함께 식사한 적이 있었는데 문득 1인 기업가의 선구자 공병호 박사의 이야기를 한 적이 있었다. 소장님 "1년에 여러 권의 도서집필을 하고 300여 이상의 칼럼 쓰고 많은 세미나에 강사로 출강하시는데 그분 정말 대단하십니다. 그것도 '1인 기업가' 말 그대로 자신의 힘으로 모든 것을 해 나가시지 않습니까?"라고 말했더니 "예 정말 대단하지요. 그분이 그런 왕성한 활동을 할 수 있었던 것은 자기관리가 너무 철저하다는 사실에 있습니다. 어릴 때부터 새우 잡이를 하시는 부모님의 영향을 받아서 새벽 일찍 일어나는 생활패턴이 습관화되어 있다는 것입니다. 저녁에 많은 모임에 참석하더라도 자신의 스케줄대로 행동을 하십니다."

필자는 개인적으로 공병호 박사의 도서를 좋아한다. 책의 깊이를 떠나 그분의 생활패턴 및 왕성한 활동을 책이라는 간접경험을 통해 벤치마킹하려고 노력하고 있다.

성공한 사람들의 생활패턴을 그대로 따라 행동하면 최소한 50%는 달성된다고 하지 않았던가? 새벽 4시에 일어나 독서 및 집필에 들어가는 공병호 박사의 생활패턴을 지금 필자는 그대로 따라 행동하고 있는 중이다. 그 이유는 일에 대한 성공과 경제적 여유를 달성하고자 하기 때문이다.

여기서 공병호 박사의 생활패턴을 간략히 정리해 보도록 하겠다. 자기관리에 철저해지고 싶은 당신이라면 자신의 상황에 맞게 재설계해 활용하길 바란다.

공병호박사의 생활패턴

- 직장에 있을 때는 최선을 다해 열심히 일하라.

- 만약 당신이 직장을 떠난다면 먼저 무엇을 하며 살아 갈지 '인생 2막'의 목표를 설계하라.

- 평생 '자기 계발'을 멈추지 마라.

- 항상 열린 자세로 변화에 대응하라.

- 성공하고 싶다면 반드시 새벽시간을 효율적으로 활용하라.

- 새벽시간 활용은 꾸준히 지속적으로 실천하라.

- 항상 독서하고, 생각하고, 글을 쓰는 습관을 가지라.

- 자기만의 할 수 있는 틈새를 찾아라.

- 책 읽기에 적합한 환경을 갖추라.

- 자기 자신에게 철저히 하라.

홀로 사는 사람은 고독할 수는 있어도 고립되어서는 안 된다. 고독에는 관계가 따르지만, 고립에는 관계가 따르지 않는다. 모든 살아 있는 존재는 관계 속에서 거듭거듭 형성되어 간다. 홀로 사는 사람일수록 다른 사람과 함께하기 위한 노력으로 먼저 **'자기관리'**가 철저해야 한다. 자기관리를 소홀히 하면 그 누구를 물을 것 없이 그 인생은 추해지게 마련이다.

〈법정 스님, 「홀로 사는 즐거움」〉

당신이 이 글을 읽고 마음의 변화를 느끼고 있다면 필자가 글을 쓰는 보람을 느낄 것이다. 지금부터 당신의 마음속에서 변화의 신념들을 밖으로 도출하길 바란다. 그렇게 된다면 당신도 모르는 사이에 행동의 변화가 있을 것이다. 그러나 마음속으로만 간직하고 있다면 변화의 기(氣)를 영영 느껴 보지 못할 것이다.

인간은 귀는 둘이고 머리와 입은 하나씩인데 팔과 다리가 4개인 이유는 아는가? 그것은 말하는 것보다 2배로 듣고 4배로 열심히 뛰어다니라는 뜻이다. 행동이 수반되지 않는 이론은 공허하다고 하지 않았던가? 모든 성공의 기초는 행동가의 것이라고 말하고 싶다. 지식 있는 사람은 단지 아는 것이 많은 사람을 뜻하지만 지혜로운 사람은 아는 것을 행동으로 옮길 줄 아는 자기관리에 철저한 사람이라고 정의 내리고 싶다.

필자 주위에 자기관리가 철저하기로 소문난 선배가 있는데 그 선배는 매사에 방대한 양의 연구논문이나 강의 프로그램 작성 시 밀리지 않고 늘 거침없이 처리하며 완성시킨다. 어느 날 모임에서 필자가 물어보았다. "형은 그토록 많은 일을 처리하면서도 어떻게 한가한 여가를 자주 즐기십니까?" 하고 형에게 물었다. 그랬더니 "나는 무슨 일이건 미루지 않고 즉각 처리하려는 행동패턴이 있기 때문이야. 작은 것이라도 미루지 말고 즉각 처리하고 보자는 습관이 몸에 베여 있지. 어떠한 일을 하는 데 항상 미루는 사람들치고 성공하는 사람 못 봤거든."

지금부터 성공한 사람들의 '자기관리' 패턴을 벤치마킹하도록 하자. 처음엔 힘들더라도 포기하지 말고 실천하기 바란다. 그러면 당신의 어깨엔 성공의 날개가 솟아 나와 하고자 하는 모든 일들이 다 이루어질 수 있도록 도와줄 것이다.

성공을 부르는
"실 패 학"

저번 달에 파워혁신이라는 세미나를 청강하기 위해 안산에 간 일이 있었다. 파워혁신이라는 프로그램은 전국순회 강연으로 "실패학 정신을 통해 자기 자신을 변화시켜 성공하라."라는 성공 혁신 프로그램 세미나이다.

이 프로그램은 대부분 기업체 간부들을 대상으로 기업 및 조직관리 변화를 통해 생산성을 향상시켜 결국 기업의 이윤을 극대화하고자 하는 프로그램이다. 당신은 "실패학"이라는 문구를 보면 한자로 해석해 보더라도 알 수 있듯이 "실패를 통해 학습에 나아가는 과정이다."라고 나름대로 이야기의 흐름을 상상할 수 있을 것이다. 하지만 이론적인 부분으로 학습해 나아가는 것보다는 실제 체험을 통해 그 사람의 살아 있는 경험을 청취해 나아가는 것이 진정 "실패학"이라는 문구를 이해하는 것이 아닐까 싶다.

시련과 역경은 사람을 강하게 만든다고 했다. 자수성가한 사람들에게 성공의 비결이 무엇이냐고 물어보면 한결같이 실패가 자신을 만들었다고 답한다. 시련이나 고통이 자신을 타락의 길이 아닌 인생의 터닝 포인트로 바뀌게 만들어 주었다고 말한다.

당신은 지금까지 어떠한 일을 시도했을 때 몇 번이나 좌절이나 실패를 맛보았는가? 실패는 성공으로 가기 위한 과정이라고 말하고 싶다. 시도하면 할수록 일을 더 하면 할수록 더 많은 실패를 경험하게 될 것이다. 여기서 당신이 경험이라는 것에 대해 주목하길 바란다. 경험을 한다는 것은 그 과정 속에서 무언가를 배웠다는 것으로 해석할 수 있다. 즉, 당신은 경험을 통해 똑같은 실수를 되풀이하지 않을 것이다.

발명가 토마스 에디슨이 2000번이 넘는 실험을 통해 마침내 전구를 발명하기에 이르렀다. 한 젊은 기자가 그에게 이렇게 말하는 것이었다. "당신은 많은 실패에 대해 어떻게 생각하십니까?" 하고 물어보았더니 에디슨이 "나는 한 번도 실패한 것이 없소. 나는 전구를 발명했소. 다만 2000단계의 과정을 거쳤을 뿐이오."라고 대답했다.

실패는 당신을 좌절의 터널로 안내하는 화살이 아니라고 말하고 싶다. 실패는 당신을 성공의 터널로 더욱 빠르게 날아갈 수 있도록 도와주는 공기저항 제어장치라고 말하고 싶다.

| 실패를 두려워하지 말자

"실패에 대한 두려움은 어릴 때 학습된 조건화된 반응이다. 따라서 이런 두려움은 누구에게나 어느 정도 있다. 사실 이 두려움은 우리가 신중히 행동하도록 하기 때문에 적절한 수준일 때는 오히려 바람직하다. 그러나 이런 감정이 과도하게 되면 성공과 행복에 중요한 장애가 될 수 있다. 인간은 누구나 두려움을 느낀다. 용감한 사람이란 두려움이 없는 사람이 아니라 두려움을 이겨 내고 행동하는 사람이다. 두려움과 정면으로 승부할 때 그것은 약해지고 작아진다. 그러나 두려워하는 사람이나 상황을 회피하려고만 하면 두려움이 우리

삶 전체를 지배하게 된다."라고 "행복한 삶을 위한 성공 시스템"의 저자 브라이언 트레이시가 말했다.

즉 성공하고 진취적인 사람들은 그가 위기에 처해졌을 때 그 상황을 회피하지 않고 자신의 내적 요인을 빨리 분석해 슬기롭게 대처해 나간다는 데 공통점을 가지고 있다.

실패는 동전의 양면성처럼 기회와 위험을 동시에 소유하고 있다고 말하고 싶다. 실패는 당신의 인생을 망칠 수 있는 독소가 될 수 있는 반면에 당신의 인생을 성공적으로 도와줄 수 있게끔 도와주는 촉매제의 역할을 할 수 있을 것이라고 말하고 싶다.

고통과 시련에 대한 생리학적 분석

몇 년 전 어거스틴이라는 세계적으로 유명한 신경 생리학자가 운동의 효능에 대해 놀랄 만한 논문을 발표한 적이 있었다.

"뇌졸중(중풍)으로 뇌의 한쪽이 망가져 신체 반대쪽 기능이 완전 상실된 환자들에게 6개월간 수영을 시켰더니 놀랍게도 마비된 운동기능이 서서히 되살아났다. 망가지지 않은 부분에서 망가진 반대쪽 뇌가 담당하던 기능을 할 수 있는 능력이 새롭게 만들어졌기 때문이다.

그러나 이 환자의 망가진 뇌를 살린 까닭은 따로 있었다. 그것은 놀랍게도 반드시 회복하고야 말겠다는 재생의지와 정신력이 신체와 하나가 되어 새로운 플러스알파를 만들어 냈던 것이다."

인간의 근육 한 다발에는 약 5만 개의 근섬유가 들어 있고 하나의 근섬유는 물리적으로 약 50kg을 지탱할 수 있게 만들어져 있다.

그러므로 왼팔이나 오른팔 하나만으로도 수십 톤의 중량을 떠받칠 수 있게 만들어졌는데 뇌의 정신작용에서 "아프고 고통스럽다"는 인식을 하는 정신적 한계점이 사람마다 다르기 때문에 똑같은 중량의 바벨인데도 어떤 사람은 "죽겠다", "미치겠다" 등의 표현을 쓰는 것이다.

50kg을 들어 본 사람은 40kg이 전혀 힘이 들지 않고 100kg을 들어 본 사람은 90kg이 아무렇지도 않은 것이다. 그러나 20kg을 들어 본 사람은 50kg을 들어 보라고 하면 입을 딱 벌린다.

고통과 좌절을 버티는 인간의 능력도 이와 마찬가지이다. 가시에 찔린 사람은 다리가 부러진 사람을 보면 입을 다물고 다리가 부러진 사람은 몸통이 잘려 나간 사람 앞에서 눈물을 멈춘다.

어떤 사람은 사랑하는 아들을 잃어서 미치기도 하지만 어떤 사람은 사랑하는 아들을 잃고도 담담하게 생활해 나간다. 그 이유는 무엇일까? 그 이전에 더 큰 아픔과 슬픔을 당해 면역이 되어 정신과 마음이 단련이 되었기 때문이다.

사람의 신체는 어떤 병원균이 침입하면 그 병원에 대항하는 항체를 만들어 병원균과 대항해 싸우는 방공 시스템이 자동으로 구축된다. 즉 외부로부터의 어떤 자극이 강해지면 강해질수록 방공 시스템인 면역 시스템은 더욱 강하고 치밀하게 형성되기 시작하는 원리다. 독성이 강한 살충제를 뿌리면 벌레들은 그것에 대항하는 더 강한 면역능력을 키워 끈질기게 생존하는 방법을 터득한다.

인체 또는 독감에 걸렸을 때 약을 독하게 제조해 먹으면 그 다음에는 더 독한 약을 써야만 독감이 치유되는 것도 같은 이치다. 결국 사람의 정신력과 의지력이라는 밧줄도 더 큰 자극을 겪으면 겪을수록 그것을 스스로 이기고 극복하기 위해 더 질기고 강한 밧줄을 짜서 생존하는 자연치유능력이 고도로 개발되고 발달하게 되는 것이다.

고통과 시련이 없으면 결국 우리 몸은 그것을 극복하고 이겨 내기 위한 질기고 억센 정신의 밧줄이 필요 없지만 고통과 시련의 바람이 거세게 불면 불수록 우리 몸속에는 그 바람을 이기려는 의지력의 밧줄이 더 튼튼하게 짜지는 것이다. "젊어서 고통은 보약이다."라는 말은 경험의학과 과학에서 솟아 나온 명언이다. 또한 "좌절과 실패는 사람을 성숙하게 만들어 준다."라는 말은 성공한 사람들에게서 솟아 나온 공통된 명언이다.

〈출처: 무도철학(2002) 지칠규〉

| 실패학 정신을 벤치마킹하자

필자가 파워혁신이라는 프로그램에서 느낀 실패학 정신을 간략히 요약해 보고자 하겠다. 7억을 빚지고 갚아 낸 김동조 소장의 인생 대역전 성공이야기는 필자뿐 아니라 이 글을 읽고 있는 당신에게도 앞으로 사업이나 일을 진행하고자 하는 데 있어 실패를 터닝 포인트 할 수 있게끔 도와주는 길잡이의 역할을 할 것이라 사료된다.

| 김동조 소장의 실패학 5大 정신

1. 누구나 실패한다

- 실패했다고 좌절할 필요 없다. 누구나 실패하기 때문이다.
- 한 번도 실패하지 않은 사람은 아무 일도 하지 않은 사람뿐이다.
- 중요한 것은 실패를 어떻게 극복하느냐이다.

2. 실패 없이 성공 없다

- 무엇이든 도전해야 성공할 수 있다.
- 그러나 도전에는 반드시 실패도 함께 따른다.
- 만일 실패하지 않고 성공한다면 그것은 다른 누군가가 이전에 실패를 했기 때문이다.
- 실패가 두려워 도전하지 않는다면 결코 성공을 쟁취할 수 없다.

3. 실패는 자산이다

- 실패는 성공하지 못한 이유를 담고 있는 소중한 자산이다.
- 성공은 이것을 잘 분석하여 어떻게 대처하느냐에 달려 있다.
- 성공하기 위한 최상의 방법은 실패학습이다.

4. 실패는 성공으로 가는 과정이다

- 실패는 끝이 아니다.

- 실패는 성공으로 가는 하나의 과정일 뿐이다. 따라서 실패했다고 포기해서는 안 된다.
- 길을 가다 넘어지면 일어나서 다시 가듯, 실패했을 때도 훌훌 털고 다시 도전해야 한다.

5. 실패를 망각하면 반복된다

- 실패하는 데는 반드시 원인이 있다.
- 실패를 감추거나 잊어버리면 그 원인이 방치되기 때문에 다음에 똑같은 실패가 되풀이된다.
- 실패는 망각의 대상이 아닌 성공에 필수적인 학습대상이다.

'일체유심조'의 정신을 지니자

'일체유심조'란 "모든 것은 자신의 마음가짐에 따라 달라진다."라는 뜻으로 필자가 평소에 즐겨 쓰는 말로 어떠한 일을 추진할 때나 어려움에 봉착했을 때 '일체유심조'라는 말을 마음속 신(神)이라고 생각하며 의식의 주문을 거는 버릇을 가지고 있다

사회학자 커밍 워크는 이런 말을 했다. "성공하는 사람은 성공할 수밖에 없는 정신과 습관을 갖고 있고, 실패하는 사람은 실패할 수밖에 없는 정신과 습관을 갖고 있다."라고 말하면서 "정신에서 습관이 나오기 때문에 먼저 건강한 정신의 중요성을 깨달아야 한다."고 주문하고 있다. 이 말을 달리 말하자면 건전한 정신을 깃들기 위해서는 매사에 사물을 바라볼 때 긍정적으로 바라보느냐? 부정적으로 바라보느냐? 즉, '일체유심조'란 단어를 생각하며 사물을 어떠한 관점으로 바라보느냐에 따라 정신적 습관이 자신의 신념에 자리 매김한다고 할 수 있다.

성공하기 위해서는 건전한 사고방식이라는 영양비타민을 많이 섭취하기 바란다. "난 할 수 있다. 성공할 수 있다."라는 긍정의 습관을 당신의 마음속 깊은 곳에 뿌리내릴 수 있도록 노력하길 바란다. 그러면 실수해도 실망하지 않고 혹시 사업이나 하고자 하는 일을 실패했더라도 오뚝이 정신으로 다시 일어나 재기할 수 있는 불타오르

는 '신념'이 마음속 깊은 곳에서 생겨나기 때문이다. 이러한 '신념'
이 생겨나는 이유는 당신의 뇌 속에 긍정이라는 뇌내 모르핀이 생겨
나기 때문이다. 육체적으로는 지치더라도 정신적으로는 항상 맑은
상태이기 때문에 창의적인 생각들을 도출시켜 도전하기 때문에 성공
의 문을 열 수 있는 것이다. 하지만 부정적인 사고방식은 성공을 가
로막는다. 이러한 부정적인 사고방식은 성공으로 가는 길에 장애물
을 만들어 놓아 당신이 하고자 하는 일에 치명적 직격탄을 날릴 것이
다. 그러면 당신의 뇌 속에 부정이라는 씨앗이 뿌리내릴 것이다.
부정이라는 씨앗은 전염성이 워낙 강해 당신이 하고자 하는 일에 항
상 발목을 잡을 것이다. 그 이유는 뇌 속에 아드레날린이라는 부정
적인 신경호르몬이 탄생하기 때문이다. 마음속 어둠의 커튼을 활짝
열지 않는 한 당신은 계속해서 아드레날린이라는 신경호르몬을 만들
어 낼 것이다. 이 신경호르몬이 당신에게 해로움을 주지 않는다면야
걱정할 필요가 없겠다. 그러나 아쉽게도 부정적인 사고방식에서 생
겨나는 아드레날린은 육체적으로 피로감을 줄 것이고 정신적으로도
힘들게 할 것이다. 만약 당신이 지금도 부정적으로 세상을 바라보고
있다면 아드레날린이라는 호르몬이 생겨나고 있을 것이다. 그러면
몸은 긴장되어 가 혈관은 수축하게 될 것이다. 혈관이 수축하게 되
면 혈관 속에 흐르는 피가 당신의 모든 기관의 원활한 이동을 가로
막을 것이다. 그렇게 되면 수축된 혈관을 향해 피들은 몸부림치듯이
경쟁하며 빠르게 이동할 것이며 피를 통해 운반하는 산소는 자신의
역할을 충실히 수행하기 위해 강력한 산소로 돌변할 것이다. 이처럼
강력하게 돌변하는 산소 즉, 활성산소를 당신이 만들어 낼 것이다.
　활성산소는 에너지를 많이 내므로 근육을 움직인다든지 몸속에 침
투한 병원균을 몰아낼 경우에는 도움이 되지만, 아무런 목적도 없이
부정적인 사고방식을 통해 생겨났을 때는 이 활성산소가 인체내부에

있는 지방과 결합하여 과산화지질이라 불리는 노화물질로 변하여 동맥경화를 일으키고 유전자를 상하게 하여 각종 성인병의 발병률을 높일 것이다.

본 필자가 태권도 수련생들을 상대로 긍정적인 생각을 하고 있었을 때와 부정적인 생각을 가지고 있었을 때에 주의집중도를 알아보기 위해 실험을 해보았다. 긍정적인 그룹(10명)과 부정적인 그룹(10명)으로 나누어 실험에 들어갔다.

측정방법은 두 그룹으로 나누어 실험 전 1차 검사를 측정하였다. 그리고 다음 날 긍정적인 그룹에게는 긍정의 말을 통해 진행한 후 2차 검사를 측정하였고, 부정적인 그룹에게는 부정의 말을 통해 진행한 후 2차 검사를 측정하였다. 그 후 1차 측정 및 2차 측정을 통해 자료 처리 및 결과를 분석하였다.

사고방식 실험설계

실험자 선정

⇩

긍정적인 그룹(10명), 부정적인 그룹(10명)

⇩

실험 전 1차 검사 (주위집중도)

⇩

훈련 (긍정의 말, 부정의 말)

⇩

실험 후 2차 검사 (주위집중도)

⇩

자료처리

⇩

결과분석

| 실험결과

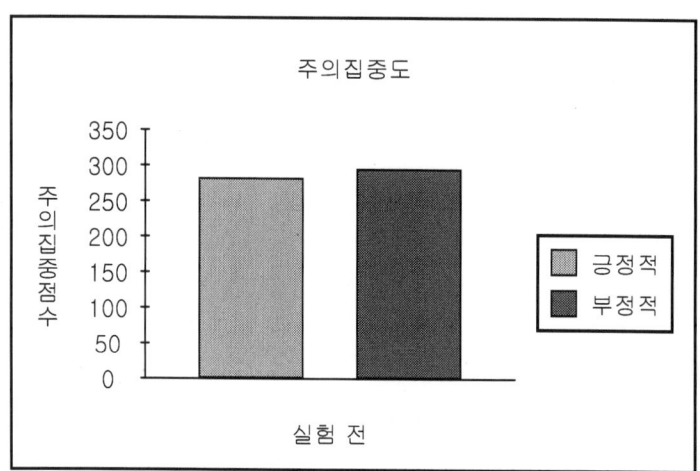

결과 〈실험 전〉

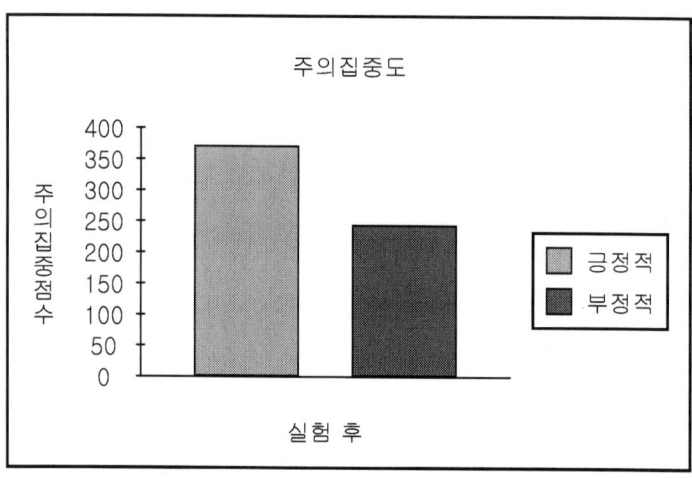

결과 〈실험 후〉

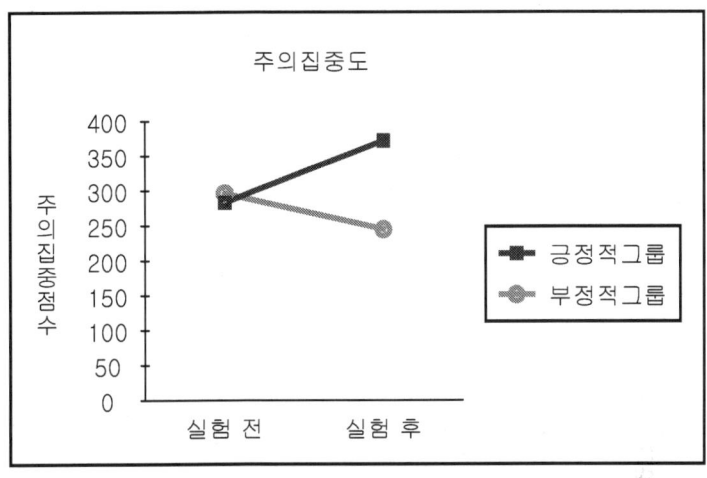

비교분석

이러한 실험결과를 비추어 볼 때 부정적인 말을 희망적인 말로 바꾸는 것, 부정적인 사고방식을 긍정적인 사고방식으로 전환하는 것이야말로 세상을 바라보는 눈을 다르게 하지 않을까?

빌 게이츠는 성공비결을 이렇게 말했다. "나는 힘이 센 강자도 아닙니다. 그렇다고 두뇌가 뛰어난 천재도 아닙니다. 날마다 새롭게 변했을 뿐입니다. 그것이 나를 성공으로 이끈 비결이었습니다. 'change(변화)'의 'g'를 'c'로 바꿔보세요. 'chance(기회)'가 되지 않나요? 변화 속에 반드시 기회가 숨어 있습니다."

그렇다. 어느 유명한 사회학자도 이런 말을 하지 않았던가? 생각이 바뀌면 행동이 바뀌고 행동이 바뀌면 습관이 바뀌며 습관이 바뀌면 운명이 바뀐다고 하지 않았던가? 오늘 이 시간부터라도 항상 부정적인 마음이 아직도 당신의 마음속 깊은 곳에 남아 있다면 떨쳐 버리길 바란다. 떨쳐 버린 그 빈 공간 속에 긍정의 씨앗을 심기를 바란다. 그렇게 된다면 당신의 하루하루의 생활은 날로 즐거워질 것이고 활기찬 시간을 맛보게 될 것이다. 잊지 말자. "일체유심조"를……

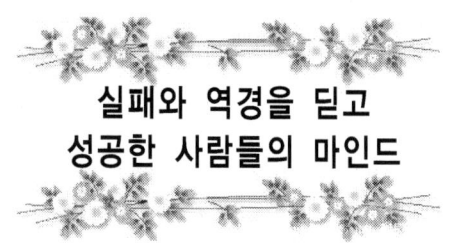

실패와 역경을 딛고
성공한 사람들의 마인드

❖ 부동산사업에 뛰어들어 41세에 수십억 달러의 거부의 대열에 올라선 부동산의 대부 도널드 트럼프가 있었다.

그는 1980년대 말 부동산 시장이 침체되면서 92억 달러의 엄청난 채무를 지게 되는 상황에 이르렀다.

우연히 방황하며 거리를 걷다가 거지 옆을 지나친 도널드 트럼프는 스스로에게 이런 생각을 했다.

"방금 지나친 거지의 몸값이 얼마지? 최소한 내가 가지고 있는 몸값 92억 달러보다 비싼 사람이 아니겠는가?"

그는 거지를 바라보며 자신을 되돌아보는 시간을 갖기 시작했다.

1990년대 부동산 호경기와 함께 재기에 성공한 그는 7권의 베스트셀러를 쓴 세계적인 작가가 되었으며 미디어계에서도 성공한 사업가로 억만장자의 대열에 올라서게 되었다.

도널드 트럼프가 자신이 쓴 책에서 이렇게 말했다.

"사람들은 내가 훌륭한 프로모터이기에 성공했다고 생각한다. 하지만 그 반대이다. 오히려 실패를 통해 성공했다. 내 명성의 상당 부분이 실패에서 나왔다."

"억만장자처럼 생각하는 한 가지 방법은 자신의 환경에 의문을 품는 것이다. 사람들은 날 계속 앞으로 나아가게 하는 힘이 무엇이냐고 묻곤 하는데, 아마도 배움이 가장 가까운 답이 될듯 싶다. 배움을 통해 우리는 매일 새롭게 시작할 수 있다. 다 안다는 것은 닫힌 문과 같다. 눈가리개를 하고 사업을 할 수는 없다."

"언제든 변명은 통하지 않는다는 점을 배웠다. 난관에 부딪혔을 때 굴복하지 않고 문제점을 찾아 해결하며 인내심을 갖고 계속 밀어붙이는 것만이 문제해결을 위한 최고의 방법임을 배웠던 것이다."

❖ 링컨은 아홉 살에 어머니를 잃었다. 가난했으며 정규교육을 제대로 받지 못해 그의 학력은 초등학교를 중퇴한 것이 고작이었다.

그는 22세에 시골에서 조그마한 구멍가게를 열었지만 사업의 실패로 남으로부터 빌린 돈을 갚는 데 10년 이상의 시간이 걸렸다. 23세에 선거에 낙선했다.

26세에 사랑하는 사람을 잃었으며 신경쇠약과 정신분열증으로 고통받았다.

3년 뒤 의회 의장선거에서 패배했고 2년 후 대통령 선거에서 낙선했다.

34세에 국회의원에 당선되지 못했고 5년 뒤 국회의원 선거에서 또다시 실패하고 말았다.

46세에 상원의원선거에 실패했으며 3년 뒤 다시 도전했지만 결과는 또다시 실패하고 말았다.

부통령선거에서도 낙선했다. 그런 그가 51세에 미국의 16대 대통령으로 당선되었다. 그리고 미국 역사상 가장 존경받는 대통령이 되었다.

기자들의 "당신이 위대해진 성공의 비결이 무엇입니까?"라는 질문에 그는 이렇게 대답했다.

"나는 고난이 닥치면 스스로에게 이렇게 말했습니다. 내가 걷는 길은 언제나 험하고 미끄러웠다. 넘어지는 것은 실패가 아니다. 넘어져서 다시 일어나지 못하는 것이 진짜 실패한 것이기 때문이다. 나는 자꾸만 미끄러져 길 밖으로 곤두박질치곤 했는데 그럴 때마다 정신을 차려 나 자신에게 이렇게 말하며 다짐했다. 길이 약간 미끄러울 뿐이지 아직 낭떠러지는 아니잖아?"

❖ "나는 실패했다는 이유만으로 누구를 나무란 적이 없습니다. 실패는 나쁜 것이 아닙니다. 집안을 꾸려가고, 인생을 설계하고, 회사를 경영하는 데 소중한 자산입니다. 그러나 그것을 묻어 두는 행위는 매우 나쁜 것입니다."

이 말은 삼성을 우리나라 최고의 기업으로 올려놓은 이건희 회장의 말이다. 그의 실패에 대한 신념은 명확하고 구체적이었다. "신약이나 신물질을 개발하려면 평균 1만 2,000번의 실패를 거쳐야 합니다. 석유탐사 때도 최소한 25번은 실패해야 비로소 하나의 유정을 발견할 수 있습니다. 이런 맥락에서 보면 실패는 '더 큰 성공을 위한 신(神)의 선물'인 셈이지요."

"똑같은 실수를 되풀이 안 하고 잘못하고 있는 것만 바로잡아도 지금보다 2~3배 많은 이익을 낼 수 있습니다. 책임을 지는 것, 졌을 때 졌음을 인정하고 원인을 분석해서 반성하는 것, 이것은 당시엔 괴로운 일이겠지만 지나고 나면 피가 되고 살이 됩니다."

이 회장은 무엇보다 실패를 두려워하지 말라고 강조했다. 사내에서 어떠한 프로젝트를 수행할 때 실패해도 다시 시작할 수 있게끔 동기

부여를 제시해 주었다. 이러한 이 회장의 신념은 지금 삼성 경영의 요체가 되었다 해도 의심의 여지가 없다고 해도 과언이 아니다.

이 회장은 조직 내의 공식석상에서 이런 말을 강조했다.

"세간에서 '삼성은 돌다리도 두드려 보고 건넌다.'고 하지만 그렇지 않습니다. 나는 임직원들에게 돌다리가 아닌 나무다리라도 있으면 건너가라고 합니다. 위험을 각오해야 기회를 선점할 수 있기 때문이지요."

그는 신입사원 교육장에 가면 항상 "실패하는 것은 새내기의 특권입니다. '5Why'를 잊지 마시기 바랍니다." 하는 말을 강조한다.

'Why'를 다섯 번 외치고 나면 도전할 가치가 보인다는 뜻으로 실패를 두려워하지 않는 사람만이 성공의 기쁨을 만끽할 수 있고 실패를 아는 사람만이 일의 묘미를 알 수 있다는 것이다. 그래서 이 회장은 '신상필벌(信賞必罰)'이 아닌 '신상필상(信賞必賞)' 즉, 실패하는 사람에게 벌이 아닌 포상을 주겠다는 뜻을 강조했다.

이 회장이 실패학이라는 신념을 강조하는 이유는 무엇 때문일까?

"21세기는 '패자 게임'의 시대입니다. 정보의 확산속도가 급속도록 빠르게 진행되어 가고 있고 경쟁이 치열할수록 누가 좋은 기회를 잡느냐보다는 누가 어리석은 결정을 하지 않느냐에 따라 승패가 좌우될 것입니다. 실패를 했을 경우 실패로서 끝나는 것이 아니라 왜 실패했는가를 분석해 내야 합니다. 분석한 결과를 기록화하여 전 사원들이 모두 공유한다면 새로운 창조적 발상을 도출할 수 있을 것입니다."

❖ 〈부자아빠 가난한 아빠〉로 세계적 베스트셀러 작가의 대열에 올라선 로버트 기요사키는 젊은 시절 두 친구와 같이 나일론 지갑을 판매하는 사업을 시작했다. 사업은 성공했다. 성공한 그들은

고급차에 돈을 물 쓰듯이 쓰는 생활을 해 나갔다. 그 결과 사업은
빚을 지게 되고 결국 사업은 몰락의 길로 가게 되었다.

그는 실패로 큰 빚을 지게 되었다.

훗날 그는 실패로부터 교훈을 얻고 마음을 다시 바로잡고 실패로
부터 도망치지 않아 사업을 다시 일으켜 세웠다. 그 시절의 경험이
자신의 생애에 최고의 공부였었다고 회고했다.

가요사키는 '부자'라는 저서에서 이렇게 말했다.

"사업과 투자를 할 때 나는 거의 광적이라 할 만큼 미리 연습하고
준비한다. 위험을 낮추기 위해 연습하고, 위험을 낮추기 위해 기술을
향상시키고, 위험을 낮추기 위해 공부한다. 무조건 이기기 위해서 싸
운다. 우승은 '최소의 위험과 최대의 확신'을 가진 자에게 돌아간다.
만약 위험을 감수할 수밖에 없다면 나는 작은 위험을 택한다."

❖ 1952년, 에드먼드 힐러리는 29,000피트의 에베레스트 산
에 도전했다.

그 도전이 실패로 끝난 몇 주 후, 그는 영국에서 연설을 하는 일
이 있었다.

힐러리는 연단으로 올라가 산의 그림에 주먹을 들이대며 이렇게
말했다.

"에베레스트! 넌 나에게 처음으로 패배를 가르쳐 주었지만 다음에
는 내가 너에게 패배를 가르쳐 주겠다. 왜냐하면 너는 자란 만큼 자
라 더 이상 자라지 않겠지만, 나는 지금 계속해서 자라고 있는 중이
다. 일 년 뒤인 5월 29일 에드먼드 힐러리는 에베레스트 산을 정복
한 최초의 인간이 되었다."

❖ 영국의 존 크리시라는 작가는 책 한 권을 출판하기까지 출판사로부터 735번의 거절을 당했다. 각 출판사들은 한결같이 "당신의 원고는 책으로 엮기에는 내용이 형편없어. 글을 쓰는 것보다 다른 일을 찾아보는 게 현명할 거야."

존 크리시는 많은 거절을 통해 얻은 경험을 바탕으로 책을 집필하여 564권의 책을 출판했다.

그는 "실패를 피하거나 두려워하지 말고 맞서서 정면 승부로 싸우시길 바랍니다. 오히려 당신이 두려워해야 할 것은 당신이 시도조차 해보지 않고 떠나보낸 그 수많은 기회들입니다."

- 처음부터 잘되는 일은 아무것도 없다.

- 실패 또 실패 반복되는 실패는 성공으로 가는 이정표다.

- 당신이 실패하지 않을 수 있는 유일한 길은 아무런 시도도 하지 않는 것이다.

- 그렇다면 당연히 성공도 없다.

- 사람들은 실패하면서 성공을 향해 나아간다.

— 찰스 F. 키들링

아이디어 부족으로 인해 신문사 편집실에서 해고되었다. 또한 사업을 성공하기까지 배급상들로부터의 농간으로 각종 캐릭터를 빼앗기는 불운을 겪기도 했다.

불우한 성장기와 사업상의 역경을 이겨 내고 전 세계 엔터테인먼트의 전설이 되어 버린 월트 디즈니의 이야기다.

그는 빈곤과 학대에 시달리던 어린 시절을 보내고, 불투명한 출생에 대한 콤플렉스를 가지고 있던 그는 여덟 살 때 아버지의 농장에서 폭행에 시달리며 노동을 하는 동안에도 시간을 내어 농장의 동물들을 종이조각에 석탄으로 그리며 아름다운 꿈을 키워 나갔다. 그것이 바로 거대한 만화왕국을 이룩할 수 있는 원동력이 되었다.

그는 어른이 되어서도 사회생활 역시 순탄하지 않았다. 광고 대행사에 취직했지만 그림 솜씨가 형편없다는 이유로 쫓겨났으며, 영화사를 차려 만화영화 제작을 시도했으나 파산을 맞았다. 이후 월세 10달러짜리 창고에서 절치부심하며 "토끼 오스왈드"라는 시리즈를 제작해 성공으로 가는 듯했지만 배급상들로부터 캐릭터를 빼앗기는 상황을 겪게 되었다.

하지만 그는 포기하지 않았다. 그에겐 '꿈'이라는 목표가 있었기 때문이었다. 자신의 꿈을 이루고자 하는 신념과 낙관적으로 세상을 바라보는 자세가 늘 몸에 배어 있었다.

그는 최악의 상황이 도래해도 매사를 낙관적이고 긍정적인 태도로 역경을 뚫고 나갔다. 그리고 그는 죽기 전에 유명한 말 한마디를 남겼다.

"가장 절망적일 때 기회는 온다. 모든 것을 긍정적으로 생각하라. 긍정적인 생각이 꿈과 희망을 출산한다."

✿ **실패**는 당신이 실패자임을 의미하는 것이 아니다.
그것은 아직 성공하지 못했다는 것을 의미할 뿐이다.

✿ **실패**는 당신이 아무것도 성취하지 못했다는 것을 의미하
는 것이 아니다.
그것은 무엇인가를 새로 배웠다는 것을 의미할 뿐이다.

✿ **실패**는 당신이 바보였음을 의미하는 것이 아니다.
그것은 당신이 많은 신념을 가졌음을 의미할 뿐이다.

✿ **실패**는 당신이 체면이나 명성이 손상되었음을 의미하는
것이 아니다.
그것은 뭔가 시도하고자 했음을 의미할 뿐이다.

✿ **실패**는 당신이 소유하지 못했음을 의미하는 것이 아니다.
그것은 방법으로 뭔가 해야 함을 의미할 뿐이다.

✿ **실패**는 당신이 열등함을 의미하는 것이 아니다.
그것은 아직 완전하지 못함을 의미할 뿐이다.

✿ **실패**는 당신이 인생을 낭비했음을 의미하는 것이 아니다.
그것은 새 출발할 이유가 있음을 의미할 뿐이다.

✿ **실패**는 당신이 포기해야 함을 의미하는 것이 아니다.
그것은 더 열심히 해야 함을 의미할 뿐이다.

✿ **실패**는 당신을 실패하게 만드는 것이 아니다.
다만 중단하는 것만이 실패하게 만들 뿐이다.

—로버트 슐러

제2장

실 천 경 영

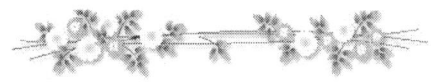

성공에 다가서는 실천경영

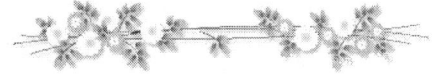

"모든 성공은 행동하는 사람들의 몫이다. 행동이 따르지 않는 인생은 무의미하다."라는 말이 있다. 실천학에서 이 말은 절대 진리라 생각한다. 아무리 학식이 풍부한 자라도 행동으로 옮기지 못한다면 그 지식은 쓸모없는 지식으로 영원히 사라질 것이다.

"지식 있는 자는 아는 것이 많은 사람을 뜻하나 지혜로운 자는 아는 것을 행동으로 옮길 줄 아는 행동가이다."라는 것으로 정의 내리고 싶다.

지불행(知不行)은 반불여부지(反不如不知)라는 말이 있다.

'알고서 행하지 않는 것보다 차라리 모르는 것이 낫다.'라는 뜻이다.

사람들은 연말이 되면 다음 해를 위해 희망찬 미래를 설계하느라 분주하다.

금연을 목표로 다짐한 사람들, 성공적인 재테크를 통해 부(富)를 축적하고자 하는 사람들, '자기 계발'을 통해 더 나은 생산적인 삶을 이루기 위한 사람들 등 새해의 목표들을 달성하기 위해 노력할 것이다.

하지만 아쉽게도 직장인들에게 "연말에 계획했던 목표들을 실천하고 있습니까?"라는 설문조사를 하면 대부분의 직장인들은 한결같이 "아니요."라고 응답한다.

20% 정도만이 "예, 실천하고 있습니다."라고 답한다. 대부분의 직

장인들이 연말에 계획했던 목표들을 실천하지 못하는 이유들을 보면 "시간이 없어서요."라는 답변이 압도적으로 나타난다.

정말 시간이 없어서일까? 바쁜 업무로 인해 자신이 세웠던 목표들을 달성하지 못할 정도로 업무에 시달렸는가? 아니다. 그건 자기 자신을 합리화하려는 변명에 불과하다. 정말 목표에 대해 꼭 이루고자 하는 마음이 있었다면 얼마든지 목표를 달성할 수 있었을 것이다.

매스컴에서 바쁜 직장인들이 건강한 생활을 위해 점심시간에 시간을 할애하며 피트니스에 가서 운동을 하고 있는 모습들을 방영한 기억이 난다. 업무량이 산더미처럼 쌓였더라도 자신의 건강을 위해 운동을 하겠다는 열망이 있다면 운동할 수 있는 시간은 얼마든지 확보할 수 있다.

필자도 태권도장을 운영하고 있는 지도자다. 한 사람의 직원도 없는 철저한 1인 기업가이다. 즉 모든 일을 스스로 계획하고 실행해야 하는 전제조건이 뒤따르는 운영자이다.

월간 / 주간 / 일일 계획표 작성, 대청소, 수련생 상담관리, 수련생 지도, 행사 기획, 도서집필 등 필자는 눈코 뜰 새 없이 바쁜 나날을 보내며 지내고 있다. 한 학부모님이 어느 날 "사부님 어떻게 태권도장을 혼자 운영하시면서도 도서를 집필하며 여러 일을 할 수 있나요?" 하고 물어보셨을 때 필자는 "저는 하고자 하는 목표가 있다면 꼭 이루어 내고자 하는 열망이 있습니다. 항상 계획적으로 시간을 전략화하여 미루지 않고 행동하다 보니 여러 다양한 일을 동시에 이루어 내는 것 같습니다."라고 말씀드렸다.

업무량이 많을수록 필자의 시간 전략화는 더욱 세분화되었던 것이다.

필자의 전략 핵심 포인트는 '속도'와 '우선순위'였다.

하루 계획했던 업무량이 연기되면 그만큼 처리해야 할 일들이 두 배로 산더미처럼 쌓이게 된다. 시간 분배를 잘 활용하여 업무량을 미루지 않고 일사불란하게 처리해야 하는 전략시스템이 필자에겐 꼭 필요했던 것이었다.

물리학에서 $E = 1/2MV^2$이라는 운동에너지 공식이 있다.

에너지(E)는 필자에게는 성공이며, 질량(M)은 열정이며, 속도(V)는 효율적인 시간이다.

즉, 효율적인 시간활용만이 성공으로 도달할 수 있다는 필자만의 신념이며 믿음이었다.

그러면 필자가 추구하는 전략이란 무엇인가?

전략이란 단어는 전쟁에서 나온 말이다. 전쟁을 이기기 위한 방법, 원칙들을 모은 게 바로 전략이라 할 수 있다.

임진왜란 때 이순신 장군은 무려 23번의 전투를 치렀는데 모두 승리를 거두었다. 즉, 모든 전투에서 '이길 수밖에 없는 상황'을 만든 후에 왜군과 싸운 결과였던 것이었다.

이렇듯 좋은 전략은 우리의 일상생활에 잘 접목하고 활용된다면 돌발 상황이라는 위기를 극복할 수 있도록 도와줄 것이며 반드시 성공으로 발돋움시켜 줄 수 있는 무기가 되어 줄 것이다.

제2부 실천경영 편에서는 실천이라는 행동철학을 전략화하여 이론이 아닌 실생활에 활용될 수 있도록 실천목록 방식으로 집필해 나갔다. 또한 실천목록을 구체화하여 하고자 하는 목표들을 하나하나 성취할 수 있도록 필자의 경험을 토대로 실천전략 3단계라는 패턴으로 구성시켜 나갔다. 실천전략 3단계에 여러분들의 생각을 더욱 추가, 보완하여 더 나은 생활을 영위할 수 있기를 바란다.

| 실천경영

실천전략 3단계

1. 습관을 재정비하라

2. 시간 관리를 잘 활용하라

3. 꿈과 비전을 구체화하라

실천전략 3단계

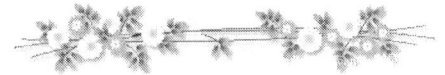

| 제1단계

- 습관을 재정비하라 -

우리가 어떠한 일을 실천하는 이유는 결국 결과를 얻기 위해서일 것이다. 원하고자 하는 결과를 얻기 위해서는 그에 상응하는 습관이 자신의 몸에 완전히 자리 매김해야 가능할 것이다. "네 시작은 미약하나 끝은 창대하리라."라는 성경의 구절도 있지 않은가?

생각이 바뀌면 행동이 바뀌고 행동이 바뀌면 습관이 바뀐다고 하지 않았던가? 처음에는 당신이 습관이라는 밧줄을 지배할 것이다. 그러나 그 밧줄은 시간이 지날수록 나이가 들수록 당신은 그 밧줄을 통해 정상이라는 성취감을 맛보았을 수도 있는 반면 그 밧줄로 인해 곤경에 처하게 될 수 있는 양면의 상황에 봉착할 것이다.

가령 하루에 한 시간씩 남들보다 더 일찍 일어나는 습관을 가진다면 그 사람은 10년이 흘러갔을 때 며칠을 더 살 수 있을까?

1년이면 365시간을 더 살고 10년이면 3,650시간을 더 사는 결과를 얻게 될 것이다. 똑같이 죽어도 152일을 더 사는 결과가 나오는 것이다. 만약 2시간씩 더 일찍 일어나는 습관을 가진다면 304일을 더 사는 것이다.

필자는 수련생들에게 아이스크림 파티나 과자파티를 대접하려 할 때 무이지천리(無以之千里)면 부적규보(不積跬步)라는 말을 늘 인용한다.

'한 걸음 한 걸음 쌓지 않으면 천리에 이르지 못할 것이다.'라는 말로, 즉 아무리 멀어 보이더라도 천 리 길도 한 걸음 한 걸음을 정성 들여 걸어가다 보면 결국 목적지에 도달한다는 것을 비유시킨다.

'티끌 모아 태산이다.'라는 정신으로 많은 아이스크림을 사려 할 때도 늘 모아 둔 10원짜리 동전만으로 사용한다.

미국 로키 산맥의 4백 년 된 거목이 어느 날 힘없이 쓰러졌는데 14번이나 되는 천둥과 벼락을 맞고도 꿈적 않고 태풍에도 끄떡없이 수많은 세월을 견뎌 낸 거목이 무엇 때문에 쓰러졌던가? 그것은 딱정벌레들의 끝없이 공격하는 습관에 의해 쓰러졌던 것이었다.

그렇다. 우리는 반복이라는 습관을 재정비할 필요가 있는 것이다.

그러면 어떠한 패턴으로 습관을 재정비해야 하는가? 먼저 '변화 공식'을 짚고 넘어가야 할 필요가 있겠다.

$C = at^2$

물리학 시간에 배운 공식을 응용해 본 '변화 공식'에 따르면, 우리가 지속적인 변화(변수 a)를 얼마나 지속하느냐(시간 t)에 따라 급격하게 변화된다는 것이다. 자기경영의 독보적인 '1인 기업가' 공병호 박사는 매년 다섯 권의 책을 쓰고300회의 강연을 하며, 매일 한 건씩 원고를 기고하는 등 일반인이 상상할 수 없을 정도로 왕성한 활동을 하고 있는데 그 이유는 시간이 아주 조금만 있어도 많은 일을 처리할 수 있는 습관 때문이다. 즉, 얼마나 확실한 변화를, 얼마나

오래 지속하느냐가 관건이라는 뜻이다.

■ 매일 1%씩 변화시키자

"미래의 성공은 현재의 열정에 달려 있다. 용기를 갖고 끊임없이 도전하고 자신을 변화시키려고 하면 무엇이든 이루지 못할 것이 없다."라고 잭 웰치가 말했다.

오늘부터 매일 자신을 1%씩 변화시켜 보자.

필자가 5년 전 일일생활실천계획표 작성기록을 보면 맨 밑줄에 "하루하루 1%씩 변화할 수 있는 생활을 할 수 있도록 노력하자."라고 쓰여 있다. 물론 매일 1%씩 변화될 수 있도록 실천했다고 생각하진 않는다. 변화될 수 있도록 하기 위한 하나의 사명문이었던 것이다.

태권도장은 주 5일 근무제이다. 지금은 어느 기업체든 특별한 경우가 아니고서는 주 5일 근무제를 시행하고 있을 것이다. 자 그러면 주 5일 근무제를 가지고 재미있는 통계를 분석해 보기로 하겠다. 주 5일 근무제가 시행된다고 하니 주 5일씩만 바꾼다면 우리의 생활은 어떻게 바뀔까? 놀라지 마시라. 무려 1,270퍼센트나 자신을 변화시킬 수 있다. 하하하 재미있는걸! 그렇다면 토요일과 일요일도 자신을 변화시킨다면 어떠한 결과가 나올까? 무려 3,700퍼센트 이상의 변화를 맛볼 수 있을 것이다. 즉, 1년 후에 당신은 달라도 너무 다른 사람으로 변해 있을 것이다.

믿지 못하겠다고! 좋다. 이것을 가지고 다시 구체적으로 적용해 보기로 하겠다.

매일 8시에 일어난다면 1%만 당겨 보자. 하루 8시간 잔다고 하면 7시 55분에 일어나는 것이다. 바로 5분의 힘이다. 책을 읽고 싶다면 5분만 더 읽어 보자. 한 달에 한 권씩 책을 읽는 사람은 한 권의 책을 약 8시간 내외로 독서를 한다. 1% 법칙대로라면 5분만 더 읽으면 된다. 5분씩만 더 읽어 내려가면 3개월 만에 책을 한 권 더 읽게 된다는 것을 체험하게 될 것이다.

이렇게 1%씩 변화할 때 가장 좋은 점은 당신 스스로 당신의 몸에 대해 주도권을 행사할 수 있다는 것이다. 1%는 눈에 보이지 않는 것 같지만. 그 작은 변화는 매일 매일 시간을 두고 당신의 몸을 조금씩 변화시켜 간다는 사실 잊지 말길 바란다.

누구에게나 하루는 24시간이다. 시간만큼은 부자든 가난한 사람이든 공평하게 주어진 신(神)이 내린 축복이다. 하지만 24시간이 주어졌더라도 이것을 어떻게 활용하느냐에 따라 인생은 천차만별로 바뀌게 될 것이다. 즉, 시간을 지배당하는 사람과 시간을 지배하는 사람으로 양분된다는 것이다.

이 24시간을 잘 계획하고 잘게 쪼개서 살림을 꾸려 나가듯 잘 활용하는 사람에게는 봄에 열심히 씨를 뿌리고 가을이면 풍성한 열매를 수확하여 넉넉하고 따뜻한 겨울을 보내지만 아무런 계획도 없이 인생무상 바람 따라 시간을 의미 없이 허비하는 사람은 가을에 거둬들일 것이 없어서 쓸쓸하고 배고픈 겨울을 맞이하게 될 것이다.

"시간이라는 보물은 사람의 장래를 결정짓는다."라는 말이 있다. 많은 이들은 이러한 문구를 상기하면서 보물을 찾아 헤매고 있다. "어디로 가야만 보물을 찾을 수 있을까?" 하고 두루 살피면서 말이다. 그러나 보물이란 먼 곳에 있는 것이 아니라 바로 우리의 눈앞에 있다고 말하고 싶다. 현재의 이 시간이 더 없는 보물이라 말하고 싶다. 그야말로 '금 쪽' 같은 시간을 강조하고 싶다. 모든 일을 처리하고자 할 때 또한 주어진 인생의 시간을 어떻게 계획하고 가공하며 활용하느냐에 따라 장래를 결정짓게 된다고 할 수 있다.

만약 오늘 하루를 헛되이 낭비했다면 그것은 하루를 산 것이 아니라 죽어 산 것이다. 시간은 모든 것을 만들어 주는 기계이다. 시간은 물건을 만들어 주기고 하고 이익을 창출시켜 줄 수 있도록 만들어 준다. 성공을 만들어 주고 행복을 만들어 준다. 시간은 남기는 사람에게는 줄어들고 늘려 쓰는 사람에게는 고무줄처럼 늘어난다는 사실을 경험하게 될 것이다.

돈은 다시 벌 수 있다지만 흘러간 시간은 다시 벌지 못한다. 시간 약속을 지키지 않는 사람은 상대방의 신뢰를 잃게 만드는 단서를 제공할 것이다. 시간과의 싸움에서 이기는 사람만이 승리할 수 있다. 책임감 없고 의지가 약한 사람은 시간과의 싸움에서 이길 수 없을 것이다. 계획성이 없고 게으른 사람은 시간과의 싸움에서 절대 이길 수 없다는 말을 강조하고 싶다.

이렇듯 시간을 잘 활용하고 1%의 변화를 습관화하는 데는 꾸준한 노력이 필요할 것이다. 갑작스런 변화나 급격한 변화는 정신적으로나 육체적으로도 우리를 피곤하게 만들 것이다. 그것보다는 계단을 천천히 올라가겠다는 마음으로 조금씩이라도 변화시키려고 꾸준히 노력해 보라. 포기하지 않는다면 아마 엄청난 변화를 체험하고 있다는 것을 느낄 것이다.

■ 작심삼일도 꾸준히 하면 습관이 된다

1%의 변화가 별것 아닌 것처럼 생각하는 사람들이 많다. 며칠 못가고 그만두게 되거나 힘들어 포기하는 이들을 우리 주위에서 많이 보아 왔을 것이다.

무엇이든 어떠한 변화를 이루기 위해서는 자극이 필요하다. 운동을 통해 근육의 양을 증대하고자 할 때도 자극이 필요하다. 몸은 자극을 받았을 때 자극으로부터 대항하기 위해 우리의 몸 안은 격렬한 반응을 일으킬 것이다. 이러한 반응이 계속되면 어느 순간 우리의 몸은 그 자극에 적응하게 된다는 것이다.

하지만 어떠한 일이든 하고자 하는 일에서부터 적응하기 위해서는 꾸준함이라는 전제조건이 필요하다. '작심삼일'은 우리가 새로운 것을 받아들이고 적응하기까지는 시간이 너무 촉박하다. 즉 아무리 좋은 계획도 사흘을 가지 못한다는 것이다.

그러면 성공한 사람들은 '작심삼일'을 경험하지 않았단 말인가? 그렇지 않다는 것이다. 성공한 사람들도 우리와 같이 똑같이 작심삼일의 마법에 시달렸었다. 그들은 우리와 조금 다르게 생각했을 뿐이다. 그들은 작심삼일을 '한 번 결심하면 사흘은 간다.'라고 생각했고, 실패할 때마다 그만둘 때마다 포기하지 않고 다시 시도했다는 것이다.

심리학에서는 사람이 21일을 반복해서 실천하면 습관이 된다고 말한다. 즉, 작심삼일을 7번만 하면 아주 쉽게 습관으로 만들 수 있다고 한다. 우리에게 필요한 것은 한 번 결심해서 절대 실패하지 않는 것이 아니라, 한 번 실패하더라도 포기하지 않고 다시 도전하는 '도전정신'이라는 신념의 밧줄을 항상 지니고 있어야 된다는 것이다. 도전을 얼마나 자주 하느냐의 여부가 위대한 성공의 지름길로 안내하는 핵심요소였던 것이다.

꿈은 크게 가져야 한다. 하지만 도전은 작은 것부터 시작하길 바란다. 그리고 절대 멈추지 말고, 포기하지 말며 꾸준히 지속하길 바란다. 만약 멈추었다면, 개의치 말고 그냥 다시 시도하길 바란다. 성공의 법칙은 정말 단순하다고들 한다. 하지만 그 열매만큼은 정말 달다. 우리가 기억할 것은 '위대한 변화는 정말 사소한 변화에서 시작된다.'는 사실 절대 잊지 말길 바란다.

| 제2단계

- 시간 관리를 잘 활용하라 -

당신이 어떠한 목표를 달성하기 위해서는 여러 가지 요소가 필요할 것이다. 그중 가장 중요한 요소를 꼽으라면 필자는 주저 없이 '시간'이라고 자신 있게 말할 것이다. 비록 돈이 부족할 수도 있고, 일손이 부족할 수도 있지만, 약간의 시간을 투자한다면 현실의 세계 속에서 다 충당받을 수 있는 자원들이다. 하지만 '시간'이라는 자원을 생산적이고 계획적으로 활용하지 못하기 때문에 하고자 하는 목표달성과의 거리가 점점 멀어지는 것이다.

80 / 20이라는 파레토의 법칙이 있다. 즉, 많은 시간을 투입하더라도 정작 그 시간은 대부분 낭비되거나 아니면 자신이 하고자 하는 것과 별반 상관이 없는 방향으로 허비되어 있다는 뜻이다. 다시 말해 사람들이 들이는 시간의 20%가 사람들이 거두어들이는 성과물의 대부분인 80%를 낳는다는 것이다.

개인 사업을 하는 사람들의 예를 들어 보자.

노력하면 노력한 만큼 수확을 얻을 수 있다는 것은 보편적인 우리들의 사고방식이다. '50만큼 노력하면 50만큼 얻을 것이고 100만큼 노력하면 100만큼의 성과를 얻을 것이다.'라는 문구를 믿을 것이다. 보편적인 진리로 여기고 받아들일 것이다. 하지만 이러한 보편적 진리는 성공한 사람들에게는 큰 의미가 없다.

성공한 사람들의 공통적인 특징은 시간 배분을 잘 활용한다는 사실이다. 그들은 자신들의 노력의 80%는 거의 낭비되어 버리고, 20%가 결과물의 대부분인 80%를 결정짓는다는 사실을 알고 있었던 것이었다.

만약 20%가 하루의 일상 업무를 결정한다는 법칙을 있는 그대로 받아들인다면 현재 낭비되고 있는 80%의 시간 가운데 자신이 하고자 하는 일을 투입시켜보자. 그렇게 된다면 '시간이 없어서'라는 말은 입에 담지 못할 것이다. 대부분의 사람들이 습관적인 시간 낭비족에 속한다는 사실이다.

낭비되어 가고 있는 시간을 잘 활용해 보자. 제대로 활용 가능한 20%의 시간에 자신의 업무에 열중하자. 그리고 80%의 시간에 자신이 하고자 하는 일에 몰입한다면 불평불만 의식지수의 퍼센트는 낮아질 것이다.

필자는 새벽 4시에 일어나는 아침형 인간이다. 필자는 집중적으로 공략해야 할 20%의 핵심 포인트를 새벽과 아침에 모두 투입한다.

새벽과 아침 시간대는 신성불가침의 영역이라 생각한다. 전화벨소리나, 각종 소음소리로부터 침범할 수 없는 자신만의 시간을 확보할 수 있고 보호받을 수 있는 곳이기도 하다.

새벽과 아침은 창조적인 활동을 왕성하게, 또한 자신의 내면을 향해 몰입할 수 있도록 도와준다.

〈익숙한 것과의 결별〉로 베스트셀러가 된 변화경영가 구본형 소장도 "나를 변화시키고 지금 성공적인 삶을 살 수 있었던 것은 새벽을 적극 활용했기 때문입니다."라고 말했다.

새벽과 아침이라는 소중한 시간을 어떻게 사용하느냐는 순전히 당신의 선택과 결단에 달려 있다.

하지만 새벽과 아침시간 활용에 대해 생각해 볼 것이 있다.

"나는 새벽이나 아침 시간대에 작업 효율이 뛰어난 사람이다."라고 말하고 싶어 하는 이들이 있을 것이고 반면에 나는 "저녁 시간대에 작업 효율성이 뛰어난 사람이다."라고 말하고 싶은 이들이 있을 것이다. 이는 전적으로 자신의 에너지 사이클을 잘 확인하고 적용하길 바란다. 하지만 인간의 인체구조나 여러 가지 경험으로 미루어 볼 때 성공한 CEO들의 시간경영을 분석해 볼 때 새벽과 아침이 더욱 효과적이었다는 것을 깊이 생각해 보기를 바란다.

1. 새벽시간을 활용하자

> 새벽에 일어나는 습관을 당신 것으로 만드는 데 성공한다면, 하루 일과를 시작하기 전 이미 4시간에서 6시간 정도는 온전하게 자신을 위해 사용할 수 있을 것입니다.
>
> — 공병호

성공한 부자들의 공통점은 아침에 일찍 일어난다는 사실이다. 목표를 달성하기 위해, 계획성 있게 하루를 보내기 위해서다.

다카이 노부우는 그의 저서 『아침형 인간으로 변신하라』에서 이렇게 말했다.

"나는 지금까지 수많은 부자들을 만나 왔다. 재벌총수, 은행장, 국회의원 그리고 한 푼 두 푼 모은 착실한 서민형 부자에 이르기까지 온갖 유형의 부자들을 만나 보았다. 그런데 그들에게는 단 한 가지 공통점이 있었다. 그것은 바로 '늦잠을 즐기는 부자는 없다.'는 점이다. 가장 생산성이 높은 아침을 최대한 활용하는 것은 부자로 가는 첫걸음인 것이다.

경제 현안을 분석하는 아침 라디오 방송에 출연하는 어느 패널에게 들은 이야기이다. 방송이 나가면 청취자들로부터 '잘 들었다.'라며 전화가 오는데, 재미있는 건 아침 6시 방송을 듣는 사람들은 주로 CEO나 임원들이고, 7시 방송을 듣는 사람들은 부장급이라는 사실이다. 역시 일찍 서두르는 사람들이 높이 날고 있다는 것에는 긴 설명이 필요 없다."

부자들의 기상 시간은 5시가 보편적이다. 공병호 박사나 성공한 사람들은 한결같이 아침형 인간 또한 가장 적절하고 능률적인 기상 시간을 새벽 5시로 언급하고 있다는 사실 명심하길 바란다.

빌 게이츠, 잭 웰치, 정주영 등 세계적인 부자들은 모두 아침형 인간이었다는 사실이다. 평범한 사람이 허겁지겁 집을 나서 콩나물 전철 속에서 땀 흘릴 때, 성공하는 사람은 앞서 한산한 전철에서 책을 읽었거나 회사에서 스케줄을 챙기고 있을 것이다. 누가 인생의 성공가드로 갈 것인지는 불을 보듯 뻔한 일이다.

'인생을 두 배로 사는 사람들 대부분은 새벽형 인간이다.' 새벽형 인간이 되려면 어떻게 해야 하는가? 답은 간단하다. 일찍 자고 일찍 일어나면 된다. 이러한 간단한 명제를 가지고 실천하면 된다. 건강한 생활패턴과 부지런함이 부자를 만드는 것이다.

미국에서는 '좋은 차를 탄 사람 순서대로 출근한다.'는 말이 있다. 성공한 사람들일수록 일찍 출근한다는 말이다. 만약 당신이 아침형 인간으로 생활패턴에 변화를 주고자 한다면 지금은 힘이 들더라도 실천해 보길 바란다. 성공한 사람들의 생활패턴을 벤치마킹하라는 것이다. 그러다 보면 어느새 아침형 인간으로 변모되어 가고 있다는 것을 느끼게 될 것이다.

2. 아침은 '자기 계발 시간'을 확보해 준다

성공한 CEO들이 한결같이 아침시간 활용을 성공의 조건이라 생각하는 이유는 '자기 계발을 위한 시간'을 확보할 수 있다고 말한다. 새벽이나 이른 아침은 다른 사람들로부터 어떠한 영향을 받지 않고 일에 몰입할 수 있는 기회를 준다. 이 시간을 몇 년 동안 지속적인 자기 계발을 위한 투자를 게을리 하지 않는다면 내공은 점점 증폭되어 간다는 사실을 느낄 것이다.

필자는 태권도장을 운영하는 사업자다. 어린이들 및 청소년을 대상으로 지도하는 직업 특성상 오후부터 시작해서 저녁 늦게까지 일이 이루어지는 교육업에 종사하는 사업자다.

다른 학원 교육사업자들과 마찬가지로 아침 일찍 일어나야 한다는 강박관념을 느끼지 못하는 일명 '저녁형'인 분들에게 어울리는 직업군이다. 그래서 다른 회사원들처럼 아침 일찍 일어나기 위해 하루 일정을 빨리 마무리 짓고 잠자리에 들어야겠다는 필요성을 느끼지 못하고 있다.

하지만 필자는 '새벽예찬론'자이다. 새벽을 효율적이고 생산적으로 활용하면 분명 자신이 하고자 하는 일은 이루어진다는 지론을 믿고 있는 사람이다.

『하는 일마다 잘되리라, 무지개 원리』의 저자 차동엽 신부님이 "새벽 두세 시간만 확보하면, 보통의 하루 몫을 대체한다."라고 말했다. 필자는 이 말을 경험을 통해 스스로 변화되어 가는 것을 피부로 느꼈다.

지금 이 시간에는 목표를 달리하여 새벽 4시 조금 안 되어 일어나 간단한 스트레칭을 하고 오전 10시까지 도서 집필에만 몰입하고 있는 중이다. 오후 1시부터 시작되는 직업 특성상 가능했던 것이다.

하지만 작년까지는 지금과 새벽시간을 활용하는 방법론만 다를 뿐 일과 연관 지어 바쁜 나날을 보냈던 한 해가 되지 않았나 싶다.

항상 5시 30분에 출근을 했다. 첫 차를 타기 위해 다른 이들이 느끼지 못하는 새벽공기를 마시며 경제신문을 사서 태권도장으로 향했던 모습은 지금도 잊지 못하는 추억으로 기억되고 있다.

출근하자마자 필자는 하루의 우선순위로 경제신문을 통해 필요로 하는 정보들을 스크랩하는 것이었다. 그 후 수련생들을 위한 새벽특강과 개인운동, 청소 및 하루의 업무일지를 마무리하는 데까지 걸리는 소요시간 즉, 80 / 20법칙에서 말하는 자신들의 노력의 80%는 거의 낭비되어 버리고, 20%가 결과물의 대부분인 80%를 결정짓는다는 파레토의 법칙처럼 오전 9시면 필자의 핵심 포인트 20%는 모두 마무리되었던 것이었다.

아침의 1시간은 오후의 3배의 효율이 있다고 한다. 만약 새벽 3시간을 효율적으로 보낸다고 계획할 때 9시간이라는 알토란 같은 또 다른 하루를 버는 셈이 된다.

성공하고 싶다면 새벽을 적극 활용하길 바란다. 아무에게도 방해받지 않는 시간에 자신이 하고자 하는 목표를 세워 자기 발전을 위해 투자하길 바란다. 독서를 통해 지식을 쌓거나 영어 · 중국어 · 일본어 등 학원에 가서 어학공부를 통해 자기 자신을 업그레이드하길 바란다.

하루 3시간을 매일 공부하는 사람과 출근 시간 9시에 헐레벌떡 들이닥쳐 숨 가쁘게 하루를 시작하는 사람과는 분명 차이가 생기기 시작할 것이다. 또한 시간이 흐를수록 새벽을 적극 활용한 사람과 그렇지 않은 사람과의 성공스토리도 뛰어넘을 수 없는 격차가 분명 발생할 것이라 확신한다.

2시간×3배 효과＝6시간(성공, 자기 계발, 건강) 획득

■ 내가 자명종을 누르고 이불 속으로 기어 들어갈 때
■ 그는 공원을 산책하며 하루를 설계한다.

■ 내가 두 번째 자명종을 누르며 지겨워할 때
■ 그는 아내와 아침 식사를 한다.

■ 내가 겨우 일어나 치약을 짜고 있을 때
■ 그는 아내의 웃음 띤 인사를 받으며 출근한다.

■ 내가 허겁지겁 집을 나서 콩나물 전철 속으로 땀 흘릴 때
■ 그는 한산한 전철에서 책을 읽고 회사에서 스케줄을 챙기고 있다.

■ 누가 인생의 승자일지는 뻔하다.

〈출처: 강규형 『성공을 바이딩하라』〉

3. 자투리 시간을 무시하지 말자

자투리 시간은 '성공을 향한 두 번째 시간'이라는 말로 정의 내리고 싶다. 자투리 시간은 자신도 모르는 사이에 알게 모르게 빠져나가는 미개척 새로운 시간이다. 새벽시간 못지않게 자투리 시간을 효율적으로 잘 관리하고 활용한다면 새벽시간 못지않게 많은 업무 효율을 높일 수 있는 시간이 될 것이다.

『점심시간의 재발견』 저자 정해윤 님이 자투리 시간을 효율적으로 사용함으로써 얻을 수 있는 유익함을 다음과 같이 구체적으로 말하고 있다.

"여의도 증권타운에서는 오전 10시쯤 되면 전화통을 잡고 서로 점심 약속 스케줄 잡기에 바쁘다. 누구와 점심을 같이 먹을 것인가가 비즈니스의 중요한 연장이라고 생각하기 때문이다. 저녁은 술이 곁들여지기 때문에 아침형 인간에게는 아무래도 다음 날이 부담되기도 하고, 아침도 저녁도 모두 바쁘기만 한 비즈니스맨에게는 점심시간이야말로 절호의 골든 시간이기 때문이다.

점심시간은 말하자면 일상의 블루오션이다. 매일 점심시간에 10분간만 인맥관리를 하여도 1년이면 줄잡아 1백 명의 인맥이 형성된다. 15분간 독서를 하면 1년에 25권의 책을 읽을 수 있고, 20분간 파워워킹을 하면 1년이면 세 살이 젊어진다. 밥 먹기도 바쁜데 무슨 자기관리, 자기 계발이냐고 부정적으로만 생각하지 말고 현명한 시간관리를 통한 인생의 성공을 꿈꾸어 보자."

5분이나 10분과 같은 자투리 시간이 별 것 아닌 것처럼 여겨질 것이다. 그러나 무엇을 하기 위한 목표가 주어진다면 단 몇 분의 시간들은 엄청난 위력을 발휘하게 되는 시간들로 변모할 것이다. 또한 목표를 달성하기 위한 고도의 집중력을 발휘하게끔 몰입시켜 줄 것이다.

필자도 자투리 시간을 유용하게 활용하고 있는 사람들 중의 한 사람이다. 직업 특성상 1시간 수업에 30분이라는 여유시간을 가질 수 있다. 일명 '휴식시간'이라고 생각하면 된다. 이 휴식시간은 다음 시간을 위한 일종의 '에너지 충전'이라는 개념이 내포되어 있기도 하지만 한편으론 다른 일을 수행할 수 있는 시간을 확보해 준다는 의미도 포함되어 있다 하겠다.

필자 역시 자투리 시간을 업무 및 자기 계발을 위한 시간으로 활용해 나가고 있다. 알게 모르게 빠져나가는 시간들을 최대한으로 줄이기 위해 자투리 시간기록표를 작성해 실천하고 있다.

시끄러운 소리와 환경 속에서 자투리 시간은 집중력을 향상시켜 줄 수 있게끔 단련시켜 준다.

가령 영어단어나 한자단어를 매일 정해진 시간에 암기해 보기 바란다. 타임별 2단어씩만이라도 암기해 나간다면 하루에 최소한 10단어를 습득할 것이다. 이것을 5일 동안 반복한다면 무려 50단어를 습득하게 될 것이고, 한 달이면 최소한 200단어를 암기하게 되는 놀라움을 경험하게 될 것이다.

필자는 한자시험 1급을 취득할 때 특별히 공부시간을 정해 두고 시작하지 않았다. 오직 자투리 시간만을 적극 활용해 나가 얻은 결과물이라 하겠다.

지금도 우리는 소중한 자투리 시간이 허공 속으로 사라지고 있을지도 모른다. 자투리 시간을 적극 활용해 내 것으로 만들어 보자. 아무리 바쁜 나날을 보내는 사람일지라도 분명 자투리 시간은 있을 것이다. 그래도 '난 너무 바빠 여유시간을 확보할 수 없어.'라는 생각을 가지고 있다면 책상 앞에 앉아 펜과 종이를 준비해 두고 자신의 하루의 시간계획표를 작성해 보길 바란다. 당신의 소중한 시간을 잡아먹는 시간도둑들이 하루의 몇 퍼센트를 차지하고 있는가를 기록해 보라는 것이다. 종이에 기록해 나가다 보면 불필요한 것들이 당신을 짓누르고 있다는 것을 느끼게 될 것이다.

종이에 당신의 일일 시간계획표 작성이 완성되었다면 불필요한 요소들을 삭제하고 그곳에 당신이 하고자 하는 요소들로 대체하길 바란다. 그렇게 된다면 하루 이틀이 지나다 보면 당신은 자신이 변화되어 가고 있다는 것을 느끼게 될 것이고 삶의 보람과 활력을 얻게 될 것이다.

아무리 돈이 많아도 인생의 허무함을 느끼는 사람도 있다. 반면에 경제적으로 부족해도 자신의 삶을 위해 하루가 다르게 발전되어 가고 있다는 것을 발견해 나가며 보람을 찾는 이들이 있다.

사람의 욕심이란 끝이 없다고들 한다. 사람의 욕심은 '입만 있고 항문은 없다.'라고들 하지 않았던가!

지금 일일 시간기록표를 다시 점검하길 바란다. 자투리 시간들을 잘 계획하고 기록하여 실천하길 바란다. 사람의 욕심은 많으면 많을수록 배는 계속해 부풀어 올라 결국 터지게 되지만 자투리 시간을 잘 활용하겠다는 욕심은 많으면 많을수록 배는 풍요로움과 생활의 활력을 제공해 주는 비타민이라는 영양제의 저장창고로 바뀌게 될 것이라는 것을 기억해 두길 바란다.

┃제3단계

‒ 꿈과 비전을 구체화시키라 ‒

큰 꿈이든 작은 꿈이든 꿈(dream)을 가지고 있다는 것은 정말 중요하다. 꿈을 가지고 있다는 것은 목표가 있다는 것이며 목표가 있다는 것은 앞으로 자신이 어떠한 방향으로 나아가야 할지 삶의 방향의 길을 제시해 주는 일종의 네비게이션의 역할을 제공해 준다 할 수 있겠다.

필자의 직업 상호명도 '드림(dream)' 태권도장이다. '꿈'을 이룰 수 있다는 일종의 사명문이라는 의미가 내포되어 있다.

성공은 꿈꾸는 자의 몫이라고 하지 않았던가! 꿈을 이루기 위해 계획을 세우고 학원을 다니며 자신의 부족한 면을 충족하기 위해 끊임없이 배움의 길을 게을리 하지 않고 노력하는 사람들을 주위에서 많이 볼 수 있다.

꿈과 비전은 구체화 시킬수록 현실로 이루어질 수 있는 확률이

상당히 높다. 추상적인 것보다는 현실적인 것으로 접근해 보도록 하자.

인간은 망각의 동물이라고 했다. 에빙하우스 박사는 자신이 직접 망각에 대해 연구를 했는데, 중요한 몇 가지 내용들을 적어 보도록 하겠다. 참고로 에빙하우스 이론은 영어 프랜차이즈나 학습법에 자주 등장하는 이론이다.

■ 한 시간만 흘러도 기억한 내용의 50%는 사라진다.

■ 6번은 반복해야 62%까지 기억할 수 있다.

■ 아무리 노력해도 한 달이 지나면 10% 정도만 기억에 남는다.

이러한 이론대로라면 인간은 끊임없이 반복을 통해 기억 속에서 사라지지 않도록 해야 한다는 것을 시사해 준다.

그러면 기억 속에서 중요한 정보들이 빠져나가지 않기 위한 방법은 무엇인가? 깊게 생각할 필요는 없다. 바로 도구를 적극 활용하는 것이다. 도구 활용만이 에빙하우스의 망각이론을 이기는 단순하면서도 유일한 방법이라 믿고 있다.

도구를 통해 꿈과 비전을 적어 두면 어떨까?

자신의 인생목표, 가고 싶은 것, 하고 싶은 것, 갖고 싶은 것들을 도구를 통해 구체화시켜 보는 것은 어떨까? 그리고 도구를 통해 매일 점검하며 확인하는 습관을 가져 보면 어떨까? 배부르지 않은가?

필자도 성공한 사람들처럼 인생목표를 구체화하기 위해 사명문을 만들어 매일 확인하고 있다.

사명문이란 앞으로 어떠한 방향으로 나아가야 할지 안내해 주는 문서로서 일종의 '내비게이션'이라고 생각하길 바란다.

'존 고다드의 꿈 리스트'

비 내리는 어느 날 오후, 열일곱 살의 소년 존 고다드는 로스앤젤
레스에 있는 자기 집 식탁에 앉아 하나의 계획을 떠올렸다. 존은 노
란색 종이 한 장을 가져다가 맨 위에 '나의 인생 목표'라고 썼다. 제
목 아래에다 존은 127가지의 인생목표를 적어 내려갔다. 그 이후 현
재까지 존 고다드는 그중에서 108가지의 목표를 이루었다. 이것들은
결코 쉽거나 간단한 목표들이 아니었다. 이것들 속에는 세계의 주요
고산지대 등반과 큰 강 탐사 등을 비롯해 1마일을 5분에 주파하기,
셰익스피어 전집 읽기와 브리태니커 백과사전 전권 읽기까지 포함되
어 있다(브리태니커 백과사전은 약 100권이다). 존 고다드는 아직도
남아 있는 19가지의 목표에 하나씩 표시를 해 나가고 있는 중이다.

┃존 고다드의 꿈 리스트

(밑줄은 아직 진행 중인 것들임)

■ 탐험할 장소

1. 이집트 나일 강 2. 남미 아마존 강 3. 중부 아프리카 콩고 강
4. 미국 콜로라도 강 5. 중국 양자 강 6. 서아프리카 니제르 강 7.
베네수엘라 오리노코 강 8. 니카라과 리오코코 강

■ 원시문화 답사

9. 콩고 10. 뉴기니 섬 11. 브라질 12. 인도네시아 보르네오 섬

13. 북아프리카 수단(존 고다드는 이곳에서 모래 폭풍을 만나 산 채로 매장당할 뻔했음) 14. 호주 15. 아프리카 케냐 16. 필리핀 17. 탕가니카(현재의 탄자니아) 18. 에티오피아 19. 서아프리카 나이지리아 20. 알래스카

■ 등반할 산

21. 에베레스트 산 22. 아르헨티나 아콩카과 산(안데스 산맥 주의 최고봉) 23. 매킨리 봉(알래스카에 있는 북미 대륙 최고봉) 24. 페루 후아스카란 봉 25. 킬리만자로 산 26. 터키 아라라트 산(노아의 방주가 닿은 곳이라고 알려짐) 27. 케냐 산 28. 뉴질랜드 쿠크 산 29. 멕시코의 포포카테페틀 산 30. 마터호른 산(알프스의 고산) 31. 라이너 산 32. 후지 산 33. 베수비오스 산(이탈리아 나폴리 만 동쪽의 활화산) 34. 자바 섬의 브로모 산 35. 그랜드 테튼 산 36. 캘리포니아 대머리 산

■ 배워야 할 것들

37. 의료 활동과 탐험 분야에 경력을 쌓는다. 38. 나바호족과 호피족 인디언에 대해 배울 것. 39. 비행기 조종술 배우기. 40. 로즈 퍼레이드에서 말 타기.

■ 사진 찍기

41. 브라질 이구아수 폭포 42. 로데시아의 빅토리아 폭포 43. 뉴질랜드의 서덜랜드 폭포 44. 미국 서부 요세미티 폭포 45. 나이아가라

폭포 46. 마르코 폴로와 알렉산더 대왕의 원정길 되짚어가기

■ 수중탐험

47. 플로리다의 산호 암초 지대 48. 호주의 그레이트 배리어 대암초 지대(이곳에서 존은 135kg의 대합조개 촬영에 성공했음) 49. 홍해 50. 피지 군도 51. 바하마 군도 52. 오케페노키 늪지대와 에버글레이즈 탐험

■ 여행할 장소

53. 북극과 남극 54. 중국 만리장성 55. 파나마 운하와 수에즈 운하 56. 이스터 섬 57. 바티칸 시 58. 갈라파고스 군도 59. 인도 타지마할 묘 60. 피사의 사탑 61. 프랑스 에펠탑 62. 블루 그로토 63. 런던 탑 64. 호주 아이어 암벽 등반 65. 멕시코 치첸이차의 성스런 우물 66. 요르단 강을 따라 갈릴리 해에서 사해로 건너가기

■ 수영하기

67. 니카라과 호수 68. 빅토리아 호수(중부 아프리카에 있는 세계에서 두 번째로 큰 호수) 69. 슈퍼리오 호수 70. 탕가니카 호수 71. 남미의 티티카카 호수

■ 해낼 일

72. 독수리 스카우트 단원 되기 73. 잠수함 타기 74. 항공모함에서

비행기를 조종해서 이착륙하기 75. 전 세계의 모든 국가들을 한 번 씩 방문할 것(현재 30개국 남음) 76. 소형 비행선, 열기구, 글라이더 타기 77. 코끼리, 낙타, 타조, 야생말 타기 78. 4.5kg의 바닷가재와 25cm의 전복 채취하기 79. 스킨 다이빙으로 12미터 해저로 내려가서 2분 30초 동안 숨 참기 80. 1분에 50타자 하기 81. 플루트와 바이올 린 연주하기 82. 낙하산 타고 뛰어내리기 83. 스키와 수상 스키 배 우기 84. 복음 전도 사업 참여하기 85. 탐험가 존 뮤어의 탐험 길을 따라 여행하기 86. 원시 부족의 의약품을 공부해 유용한 것을 가져 오기 87. 코끼리, 사자, 코뿔소, 케이프 버팔로, 고래 촬영하기 88. 검도 배우기 89. 동양의 지압술 배우기 90. 대학교에서 강의하기 91. 해저세계 탐험하기 92. 타잔 영화에 출연하기(이것은 소년시절의 꿈 이었다) 93. 말, 침팬지, 치타, 오셀롯, 코요테 키워보기 94. 발리 섬 의 장례 의식 참관 95. 아마추어 햄 무선국의 회원 되기 96. 자기 소유의 천체 망원경 세우기 97. 저서 한 권 갖기(나일 강에 관한 책 출판) 98. 내셔널지오그래픽 지에 기사 싣기 99. 몸무게 80kg 유지하 기 100. 윗몸일으키기 200회, 턱걸이 20회 유지하기 101. 프랑스어, 스페인어, 아랍어 배우기 102. 코모도 섬에 가서 날아다니는 도마뱀 의 생태 연구하기 103. 높이뛰기 1m 50cm 104. 멀리뛰기 4m 50cm 105. 1마일을 5분에 주파하기 106. 덴마크에 있는 소렌슨 외할아버 지의 출생지 방문 107. 영국에 있는 고다드 할아버지의 출생지 방문 108. 선원 자격으로 화물선에 승선하기 109. 브리태니커 백과사전 전권 읽기 110. 성경을 앞장에서 뒷장까지 통독하기 111. 셰익스피 어, 플라톤, 아리스토텔레스, 찰스 디킨스, 헨리 데이비드 소로, 에드 가 앨런 포, 루소, 베이컨, 헤밍웨이, 마크 트웨인, 버로즈, 조셉 콘 라드, 탈메이지, 톨스토이, 롱펠로, 존 키츠, 휘트먼, 에머슨 등의 작 품 읽기 112. 바하, 베토벤, 드뷔시, 이베르, 멘델스존, 랄로, 림스키

코르사코프, 레스피기, 리스트, 라흐마니노프, 스트라빈스키, 토흐, 차이코프스키, 베르디의 음악 작품들과 친숙해지기 113. 비행기, 오토바이, 트랙터, 윈드서핑, 권총, 엽총, 카누, 현미경, 축구, 농구, 활, 부메랑 등을 다루는 데 있어서 우수한 실력 갖추기 114. 음악 작곡 115. 피아노로 베토벤의 「월광곡」 연주하기 116. 불 위를 걷는 것 구경하기 117. 독사에게서 독 빼내기 118. 영화 스튜디오 구경하기 119. 플로 경기하는 법 배우기 120. 22구경 권총으로 성냥불 켜기 121. 쿠푸의 파라미드 오르기 122. 탐험가 클럽과 모험가 클럽 회원 가입하기 123. 걷거나 배를 타고 그랜드캐니언 일주하기 124. 배를 타고 지구를 일주할 것(현재까지 네 차례의 일주를 마쳤음) 125. 달 여행하기 126. 결혼해서 아이들 갖기 127. 21세기에 살아 볼 것(존 고다드 나이 일흔다섯 살)

필자의 꿈(dream) 리스트

돈 / 물질	체험 / 취미	직 업
• 연봉 억 달성 • 각종 출판 인세 • 컨설팅 강의료 • 각종 대학출강 • 온라인 사업 확장	• 유럽에서 스키 타기 • 세계여행하기 • 각종 샐러드 배우기 • 서점에서 책 보기 • 다양한 레저 활동	• 어린이 교육사업 • 인터넷 사업 • 컨설턴트 사업 • 태권도장 사업 • 종합 피트니스 사업
목 표	나	건 강
현재 에듀킬 연구소를 성공적인 에듀킬 엔터텐인먼트 그룹으로 발전시킴	계획한 목표는 항상 실천하고 행동으로 보여 주는 '나'	• 규칙적 운동 지향 • 명상 훈련 지향 • 건강에 유익한 음식 • 찾아 다녀 먹기
희 망	인간관계	봉사 / 사랑
• 박사학위 취득 • 각종 세미나 참가 • 가족의 건강 • 유능한 기업경영인으로 성장하기	• 안부 인사 적극적으로 활용 • 다양한 사람들 만남 지향	• 장애인 전용 태권도장 설립 • 유산의 사회 환원 • 매년 이익금의 일정 금액 기부하기

당신의 꿈(dream) 리스트

돈 / 물질	체험 / 취미	직 업
•	•	•
•	•	•
•	•	•
•	•	•
•	•	•
•	•	•
목 표	**나**	**건 강**
•	•	•
•	•	•
•	•	•
•	•	•
•	•	•
•	•	•
희 망	**인간관계**	**봉사 / 사랑**
•	•	•
•	•	•
•	•	•
•	•	•
•	•	•
•	•	•

1. 사명서를 작성하자

사명서란 우리의 꿈이 간절히 이루어지게끔 도와주는 문서이자 핵심가치이다.

이러한 사명서라는 문서는 우리가 나아가야 할 방향을 제시해 주는 핵심 가치이자 실천지침 문서이다.

물질적 성공이든, 정신적 성공이든, 혹은 두 가지 모두를 성공하고자 한다면 지금부터 사명선언문이라는 성공의 보물지도를 구체화시켜 문서화시켜 보도록 하자.

사명선언문 작성 시 유의사항

첫째, 대표사명문을 작성한다.

둘째, 사명문의 핵심적 가치를 작성한다.

셋째, 긍정문으로 작성한다.

넷째, 무조건 현재형으로 작성한다.

다섯째, 비난적 글 작성은 지양한다.

사명선언문 공식

나는~한다 3P(person, prsent, positive)

즉, '나는(person) 지금(prsent) 긍정적(positive)으로 살고 있다.'는 3P방식의 패턴으로 작성하자.

필자의 사명선언문 (Mission Statement)

대표 가치선언문

나는 풍요롭고 행복하며 자기계발을 위해 생활하고 있으며 사회활동을 위한 인생을 살아가고 있다.

가치 선언문

풍요에 대한 가치

- 나는 사업 성공을 위한 시간을 매일 생각하고 있다.
- 나는 성공한 사람들의 물질적 정신적 사상을 벤치마킹 해 나가고 있다.
- '목표달성'이라는 양식을 매일 느끼고 있다.
- 매일 '발전하고 있다'는 것을 느끼고 있다.

행복에 대한 가치

- 나는 건강한 생활을 위해 즐거운 운동을 하고 있다.
- '일체유심조'의 생각으로 항상 긍정적인 시각으로 세상을 바라보고 있다.
- 가족의 화목을 위해 끊임없이 집안 일에 관심을 가지고 있다.
- 나는 '부' 축적을 통해 일정금액을 사회에 기부해 행복함을 느끼고 있다.

자기계발에 대한 가치

- 박사학위 취득을 위해 여러 논문을 보고 있다.
- 다양한 지식습득을 위해 서점 및 도서관에 자주 방문하고 있다.
- 여러 세미나 참여 내용들을 '나'만의 독자적인 지식으로 창조시킴과 동시에 활용해 나가고 있다.
- 관심갖는 세미나가 열리면 시간활용을 통해 세미나에 적극 참여해 가고 있다.

사회활동에 대한 가치

- 책 출판을 통해 '나'의 브랜드 가치를 알리고 있다.
- 인맥형성을 통해 다양한 사람들을 만나고 있다.
- 각종 세미나 참석을 이용하고 있다.
- 새로운 사람들을 만나는 것을 즐거워하고 있다.

당신의 사명선언문 (Mission Statement)

대표 가치선언문

가치 선언문

○○ 에 대한 가치

–
–
–
–

○○ 에 대한 가치

–
–
–
–

○○ 에 대한 가치

–
–
–
–

○○ 에 대한 가치

-
-
-
-

○○ 에 대한 가치

-
-
-
-

---

2. 자신의 목표를 구체적으로 작성하자

1979년 하버드 경영대학원 졸업생들을 대상으로 명확한 장래 목표를 설정하고 기록하여 그것을 위한 계획을 세웠는지 질문해 보았더니, 그들 중 오직 3%만이 목표와 계획을 세웠다고 말했다. 13%는 목표를 머릿속으로만 가지고 있고 기록하지는 않았다고 말했으며 나머지 84%의 학생들은 구체적인 목표를 세우지 않았다고 말했다.

10년 후 그들의 생활을 다시 조사해 보았더니 목표를 머릿속으로만 가지고 있었던 13%의 학생들은 목표를 세우지 않았던 84%의 학생들보다 평균 2배 이상의 수입을 올리고 있었다. 또한 구체적 목표를 세우고 기록했던 3%의 학생들은 나머지 97%의 학생들보다 무려 10배 이상의 수입을 올리고 있었다는 결과가 나왔다고 한다.

시각화되어 있는 목표라는 종이는 우리의 뇌 속에 작용되어 잠재의식 속으로 패턴화되도록 안내해 줄 것이다. 다시 말해 현실의 세계로 점점 가까워지게 만들어 주는 마법의 종이로 변하게 된다는 것이다.

지금부터 목표가 머릿속에 그려졌다면 포괄적인 목표를 구체적으로 나열해 보자. 즉 연간 / 월간 / 주간 / 일일계획표를 작성해 보자.

연간계획은 다시 5개년계획, 10개년계획, 평생계획으로 구체적으로 다시 작성해 보자.

중·장기계획표는 자신의 나아가야 할 방향들을 구체적으로 제시해 주는 지도의 역할을 한다.

몇 년 전에 고3 여학생이 수능 1교시를 망치자 옥상으로 올라가 투신자살한 일이 있었다. 너무도 안타깝다는 생각을 많이 했다. 이 여학생의 '수능 잘 보는 것'까지가 목표였던 것 같다. 그해 얼마 있다가 초등학교 여학생이 자기 집 아파트 20층 옥상으로 올라가 투신자살을 했다. 집에서 속 한 번 썩이지 않았던 착실한 아이였고 전교 1·2등을 유지할 정도로 모범적인 학생이었다. 그런데 기말고사를 잘 치르지 못했다는 이유만으로 그만 죽음이라는 극단적인 선택을 했다. 이 여학생의 유일한 목표는 '기말고사 잘 보는 것'이 유일한 목표였던 것이다. 더욱 안타까운 것은 이러한 여학생들이 매년 200명이 넘는다는 통계가 나온다는 것이다.

우리는 어떠한 목표를 향해 나아가다 보면 분명 보이지 않는 장애물들을 만나게 될 것이다. 문제는 장애물을 어떠한 관점으로 생각하느냐이다.

장애물로 인해 좌절과 실패는 나를 완전히 탈락한 패배주의자로 인식할 수도 있다. 하지만 장애물을 '목표를 달성해 나가기 위한 수많은 장애물 게임 중에서 단 한 게임'이라고 생각해 보자. 장애물은 '나를 더욱 발전시켜 주는 고마운 동반자이고 소중한 친구'라고 생각해 보자. 그러면 우리는 목표를 이루기 위해 만나게 되는 좌절과 고통이라는 여러 장애물들은 별것 아니라는 것을 느끼게 될 것이다.

지금부터 책상 앞에 앉아 종이에 당신의 연간 / 월간 / 주간 / 일일계

획표를 작성해 보길 바란다. 목표가 바뀌어도 상관없다. 계속 수시로
확인하며 수정하고 보완하면 되기 때문이다.

　필자도 이러한 목표들이 계획 및 실천을 통해 많은 변화를 가져
왔다는 것을 자신 있게 말하고 싶다.

　우리의 '꿈'과 '목표'를 시각화를 통해 항상 확인하고 실천하는 생
활 자세를 갖고 임한다면 분명 '꿈과 목표'는 반드시 이루어질 수
있다고 확신한다.

꿈을 현실화시켜 주는

실천계획시스템

평생계획표

연간계획표

월간계획표

주간계획표

일일계획표

포괄적 < 구체적 < 세부적 < 전략적

평 생 계 획 표
(항목은 자신의 상황에 맞게 적용하시길 바랍니다.)

사명선언문

항 목	20대	30대	40대
목 표			
자 기 계 발			
건 강			
직 업			
대 인 관 계			
사 회 봉 사			

평 생 계 획 표

(항목은 자신의 상황에 맞게 적용하시길 바랍니다.)

사명선언문

항　목	50대	60대	70대
목 표			
자 기 계 발			
건 강			
직 업			
대 인 관 계			
사 회 봉 사			

년 간 계 획 표   _____Year

(항목은 자신의 상황에 맞게 적용하시길 바랍니다.)

사명선언문

항 목	1 월	2 월	3 월
목 표			
자기계발			
건 강			
직 업			
대인관계			
사회봉사			

년 간 계 획 표 　　_____Year

(항목은 자신의 상황에 맞게 적용하시길 바랍니다.)

사명선언문

항　목	4 월	5 월	6 월
목 표			
자기계발			
건 강			
직 업			
대인관계			
사회봉사			

년 간 계 획 표 _____Year
(항목은 자신의 상황에 맞게 적용하시길 바랍니다.)

사명선언문

항 목	7 월	8 월	9 월
목 표			
자 기 계 발			
건 강			
직 업			
대 인 관 계			
사 회 봉 사			

년 간 계 획 표 _____Year

(항목은 자신의 상황에 맞게 적용하시길 바랍니다.)

사명선언문

항 목	10 월	11 월	12 월
목 표			
자 기 계 발			
건 강			
직 업			
대 인 관 계			
사 회 봉 사			

월 간 계 획 표   _____Month
(항목은 자신의 상황에 맞게 적용하시길 바랍니다.)

사명선언문

일요일	월요일	화요일	수요일	목요일	금요일	토요일
○	○	○	○	○	○	○
○	○	○	○	○	○	○
○	○	○	○	○	○	○
○	○	○	○	○	○	○
○	○	○	○	○	○	○

이달의 노트 (정보, 아이디어)

-
-
-
-
-

주 간 계 획 표 _____Weekly
(항목은 자신의 상황에 맞게 적용하시길 바랍니다.)
사명선언문

	월	화	수	목	금
목 표					
자 기 계 발					
건 강					
직 업					
대 인 관 계					
사 회 봉 사					

주간 노트 (정보, 아이디어)

■

■

■

일 일 계 획 표 _____day

(항목은 자신의 상황에 맞게 적용하시길 바랍니다.)

사명선언문

오늘의 업무일지			오늘의 시간스케줄	
			시 간	활 동

일일 노트 (정보, 아이디어)

제3장

창 조 경 영

창의적인 발상을 생활화하자

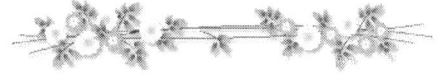

기발한 아이디어나 고정관념을 뛰어넘는 발상, 세상에 없는 마케팅을 시도한 마케터들, 매일 창의적인 아이디어를 제안하는 사내 회사원들, 이러한 상식을 뛰어넘는 아이디어 발상은 눈앞에 닥친 난제를 극복할 수 있게끔 도와주는 마법의 열쇠가 되어줄 것이다.

다양한 시각으로 기존의 것을 달리 생각해 새로운 것으로 전환할 수 있는 사람들이 주위에 많이 존재하는 한 그들이 존재하는 기업체의 미래는 성공의 가드로 달릴 것이다.

그러면 아이디어는 재능 있는 사람만 생각하는가? 아니다. 아이디어는 훈련을 통해 얼마든지 극복할 수 있다. 매일 창의적인 아이디어를 발상시키기 위해서는 끊임없는 반복 연습과 꾸준함이 필요하다. 반복 연습이라는 습관이 자신의 몸에 완전히 자리 잡아야 한다는 것이다.

문구 제품 제조회사인 3M의 CEO 리비오 데지머니가 취임사에서 "고정적인 틀에서 벗어나야 합니다. 또한 항상 새로운 것을 시도할 수 있는 자세가 필요합니다."라고 말했다.

그동안 3M은 매일 정시 출근 정시 퇴근 등 근무 시스템이 고정적이었다. 또한 회사 내에서는 '근무 시간 중에는 사적인 일을 해서는 안 된다.'라는 사내 규칙이 철저히 지켜지고 있었다.

데지머니는 CEO로 취임하자마자 바로 근무시스템 및 사내 환경에 변화를 주었다.

직업들은 근무 시간 중에도 최대 50%까지 자기 계발을 위한 시간으로 활용할 수 있는 자율권을 보장해 주었다. 그 대신 직원들은 회사 발전을 위한 창의적인 아이디어를 의무적으로 제출해야 한다고 했다. 쓰다 버린 종이에 각종 아이디어를 기록해 메모지로 활용해서 탄생한 것이 그 유명한 세계적인 히트상품인 'Post it' 종이였던 것이다. 직원들이 제출하는 신제품 아이디어 공모는 1년 평균 550건에 달한다고 했다.

3M의 성공 사례는 직원들이 각자 창의적인 아이디어를 많이 생각해 낼 수 있는 분위기를 만들어 주었다는 데 있었다.

– 아이디어를 생산해 내는 '일체유심조 발상법' –

앞에서 말한 바와 같이 누구나 창의적인 아이디어는 반복과 꾸준함이라는 습관에 의해 만들어진다고 말했다. 그러면 "아이디어를 어떻게 생산해 낼 수 있을까?"를 필자의 경험을 토대로 전달하고자 하겠다.

먼저 어떠한 문제가 발생했을 때, 또한 그 문제를 해결하고자 할 때 필자는 항상 '일체유심조 발상법'으로 접근해 해결한다.

필자가 직접 창안해 낸 '일체유심조 발상법'이란 "모든 것은 자신의 마음가짐에 따라 얼마든지 바뀔 수 있다."라는 '일체유심조'라는 정신과 '생각의 전환이라는 발상'의 합성어라는 결합체이다.

필자는 어떠한 문제가 생기거나 변화를 주고자 할 때 먼저 '일체유심조 발상법'으로 접근하고 본질을 찾아내 해결한다.

'일체유심조 발상법'은 '생각 ⇨ 변화 ⇨ 본질 ⇨ 해결'이라는 4단계로 이루어져 있다.

즉, 어떠한 문제를 해결하려 할 때 먼저 그 문제에 대해 생각한다(1단계), 바꾸어 생각한다(2단계), 본질을 파악한다(3단계), 마지막으로 해결책을 제시한다(4단계)이다.

'일체유심조 발상법' 공식

문제 발생 시 해결하려 할 때.

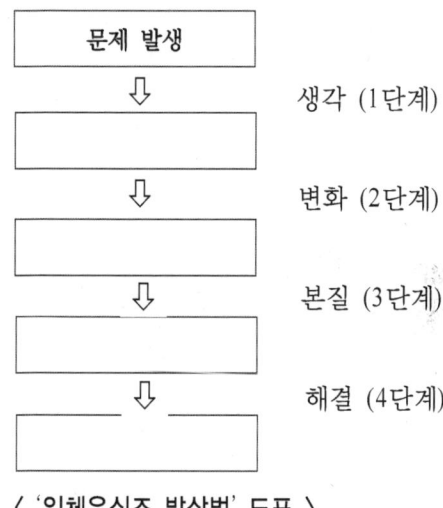

〈 '일체유심조 발상법' 도표 〉

'일체유심조 발상법' 예시

겨울 동복

〈문제 발생〉

동복을 입고 운동할 시 갑자기 날씨
가 덥거나 땀이 많이 흘릴 경우 동
복 옷이 불편하다.

⇩   생각한다 (1단계)

겨울 동복을 입고 운동하면 항상
더울까?

⇩   바꾼다 (2단계)

겨울 동복을 입고도 불편함 없이 운동
할 수 있다.

⇩   본질을 찾아낸다 (3단계)

적절한 체온을 유지시킨다.

⇩   해결한다 (4단계)

동복조끼로 활용될 수 있는 제품을
만든다.

〈'일체유심조 발상법' 예시 도표〉

누구나 우연한 기회에 아이디어를 얻을 수 있을 것이다. 하지만
시간이 지나면 지날수록 번뜩이는 아이디어도 금방 잊어버렸던 순간
들을 경험했을 것이다.

이렇듯 번뜩이는 좋은 아이디어를 잊어버리지 않기 위해서는 바로 바로 메모하는 방법밖에 없다. 메모를 통해 좋은 아이디어가 사장(死藏)되지 않도록 기록해 둔다면 언젠가는 유용하게 활용할 수 있는 자료가 될 것이다.

계명대 김영문 교수는 이런 말을 했다.

"즉시 메모를 해 두었다가 특허청에 지적 재산으로 등록하는 것이 필요합니다. 상표, 비즈니스 모델, 각종 특허 등 자신의 기술이나 아이디어를 지적 재산으로 등록해 두면 언젠가는 본인도 미처 생각하지 못한 좋은 기회가 올 수 있을 것입니다. 특히 지적 재산의 경우에는 굳이 사업화를 하지 않더라도 부동산처럼 다른 사람에게 유상으로 양도할 수도 있습니다."라고 말했듯이 번뜩이는 아이디어를 메모를 통해 지적 재산으로 연결시켜야 한다는 것을 강조하고 있다.

조영탁 휴넷 대표는 "기록하고 잊으라. 잊을 수 있는 기쁨을 만끽하면서 항상 머리를 창의적으로 쓰는 사람이 성공한다."라는 사카토 켄지의 말에 공감하면서 "복잡한 머리를 비워야 창의적인 아이디어가 솟아난다."라고 말했다. 그는 좋은 아이디어는 어느 순간 갑자기 왔다가 순식간에 사라지는 속성이 있으므로 생각이 떠오르는 순간 5초 안에 메모를 통해 기록해야 한다고 말했다.

기록은 더 좋은 아이디어를 만들어 낼 수 있는 동기부여 매개체이다. 새로운 생각이 떠오를 때마다 기록해 두면 훗날 활용하기도 좋지만 그 기록을 통해 또 다른 번뜩이는 아이디어가 샘솟듯 쏟아지는 경험들을 느끼게 될 것이다.

메모의 기술

1. 목욕할 때, 산책할 때, 잠들기 전, 생각이 떠오르면 언제 어디서든 메모하라. 늘 메모할 도구를 준비하라.

2. 일 잘하는 사람을 관찰하고 따라하라. 일을 잘하는 사람과 자신을 비교할 수 있는 일람표 메모를 하는 것도 좋다.

3. 메모에 글자만 쓰라는 법은 없다. 나만 알아볼 수 있는 기호를 사용하면 빠른 속도로 나만의 메모 흐름을 가질 수 있다.

4. 중요 사항은 밑줄이나 동그라미, 삼색 볼펜을 이용해 표시하고 구분하라. 중요한 내용은 별도로 요약해 두는 것이 좋다.

5. 메모만을 목적으로 하는 시간을 가져라. 하루에 한 번이라도 수첩과 펜을 드는 습관이 중요하다.

6. 메모는 어떤 행태이든 남겨 두는 데이터베이스를 구축하라. 주제별로 문서 보관 상자에 넣어 두는 것도 좋은 방법이다.

7. 예전의 메모를 다시 읽어 보는 습관을 길러 그 메모를 다시 활용할 수 있도록 하자.

〈사카토 켄지, 『메모의 기술』, 해바라기〉

| 회사 제안 왕들의 제안비결

■ 삼성 박성수 씨

(중졸, 승진시험 11번 실패, 94년 매달 250건씩 제안)

- 쉽게 변하자, 어렵게 변하지 말자.
- 쉬운 것부터 어려운 것으로, 간단한 것부터 복잡한 것으로 접근하자.
- 제한 1/3은 제안도 아니라는 소리를 들었다.
- 제안활동을 잘하기 위한 행동지침 1호. -메모는 필수.
- 메모수첩을 잃어버리는 것은 재산목록 1호 보물을 잃어버리는 것이나 마찬가지다.
- 메모습관도 중요하지만 정리습관은 더 중요하다. 퇴근해서 3시간은 매일 제안거리 정리하기다.
- 제안활동은 도박이 아니다. 기초 제안에서부터 고급 제안으로 옮겨가는 게 순서다.

제안 아이디어가 잘 떠오르지 않을 때

1. 눈을 감고 현장을 떠올리며 현장 구석구석을 훑어 내려간다.
2. 눈을 감고 각 부서의 직원이 맡고 있는 공정을 떠올려본다.
3. 눈을 감고 동료들과 어울렸던 술자리를 더듬으며 누가 무슨 말을 했는지 기억해 본다.

4. 그동안 내가 했던 제안에 대해 변형과 응용과 개선을 생각해 본다.
5. 이 방법으로도 안 되면 진짜 술을 마시러 나간다. 머리를 쉬게 하는 것도 한 방법이다.
6. 그러고 나서 투자하는 셈 치고 책을 한 권 더 본다.

■ 현대중공업 정윤호 씨

(1993년부터 매년 1천여 건 이상 제안)

- 일상 업무 속에서 작은 문제점이라도 눈에 띄면 주저없이 관심을 갖는다.
- 떠오른 아이디어는 즉시 수첩에 적어 둔다.
- 디지털 카메라를 이용해 개선할 곳을 사진으로 촬영하며 아이디어를 낸다.
- 제안활동에 흥미를 붙이면서 회사생활과 일상생활에서 큰 보람과 활력을 얻는다.

■ 현대삼호중공업 박학래 씨

(2001년부터 매년 2천여 건 제안)

- 작업할 때나 사물을 볼 때 대충 지나치지 않고 개선 할 사항이 없는지 항상 깊이 생각한다.
- 작업복 주머니 속에 메모수첩과 디지털 카메라를 항상 가지고 다닌다.
- 메모내용은 그날그날 정리해서 새벽 1시까지라도 제안서를 작

성한다. 몇 년간 휴가 못 갔다.

– 주말에도 아내에게 정상 출근한다고 거짓말하고 회사에 나와 제안서를 쓴 적이 많다.

■ 금호산업 윤생진 씨
(공고 졸업, 34년간 1만 8천여 건 제안)

– 모든 일에 문제의식을 갖고 고정관념을 깨려고 한다.

– 남이 시키는 것만 하면 발전이 없다. 스스로 할 일을 찾아 창의적으로 하려고 한다.

– 실력보다 중요한 것은 긍정적인 생각이다.

– 집에서도 항상 책을 읽거나 공부를 한다. 서울大 MBA 과정 수석 졸업.

– 실력연마와 함께 상사와 후배들과도 원만하게 지내야 한다.

■ 금호타이어 김용헌 씨
(매년 평균 3~4천 건 이상 제안)

– 아이디어는 샘물과 같다. 새로운 생각을 계속해야 더 좋은 아이디어가 생겨난다.

– 항상 문제의식을 가지고 메모를 한다.

– 진급, 상급 등에 대한 욕심을 부리면 창의력이 떨어지고 모방하려는 유혹에 빠지게 된다.

– 동료들과의 원활한 대인관계가 중요하다. 동료들 협조가 없으면 제안활동은 불가능하다.

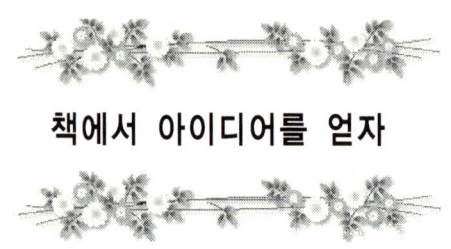

책에서 아이디어를 얻자

"고여 있는 물은 썩는다. 지혜는 물과 같아서 계속 사용하지 않으면 썩는다."는 말이 있다.

즉, 달리 해석하자면 끊임없는 독서를 통해 간접 경험을 계속 습득하자는 것이다.

이러한 간접 경험에서 얻는 지혜가 쌓이다 보면 자신만의 창의적인 아이디어가 생성된다는 것을 느낄 것이다. 창의적인 아이디어는 타고난 사람만이 누릴 수 있는 신(神)의 능력이 아니라 많은 도서를 통해 얻은 지식을 바탕으로 이루어진 노력의 산물이라고 말하고 싶다.

『백만불짜리 습관』의 저자 브라이언 트레이시도 이런 말을 했다. "매일 아침 일찍 일어나 30~60분 동안 당신이 하고 있는 일과 관련된 독서를 하시길 바랍니다. 밑줄을 긋고 메모를 하시길 바랍니다. 책에 배운 지식을 일상 속에서 적용하는 방법을 고민하시길 바랍니다. 매일 잠자기 전에 책에서 공부한 지식에 비추어 하루를 돌아보고 개인적인, 그리고 일적인 성과를 스스로 평가해 보시길 바랍니다.

매일 아침 30~60분 동안 책을 읽는 습관을 들이면 당신이 일하는 분야에서 가장 독서량이 많고, 가장 지식이 풍부하고, 가장 전문적이고, 가장 많은 보수를 받는 사람이 될 것입니다. 나는 지구상 어느 곳에서도 매일 독서하는 습관으로 자신의 삶을 변화시키지 못한 사람을 만난 적이 없기 때문입니다."

21세기는 창의적인 사람들만이 살아남는다고 했다. 이성적이고 논리적인 사람보다는 발상의 전환을 가진 창조적인 사람들만이 사회를 이끌어 나가는 시대가 될 것이다. 창조성은 이제 선택의 문제가 아니라 생존의 시대가 되었다. 아인슈타인, 스티븐 스필버그, 빌 게이츠 등은 공통적으로 창의성이 탁월하다는 것이다. 특히 스티븐 스필버그는 현실과 이상이라는 두 주제를 결합하여 새로운 주제를 만들어 나가는 명수였다.

'21세기의 레오나르도 다빈치'로 불리는 토드 사일러 박사는 "천재는 타고나는 것이 아니라 만들어지는 것"이라고 말했다. 그는 자신의 저서『천재처럼 생각하기』에서 천재들이 일반인들과 다른 것은 '메타포밍 기법'으로 사고하기 때문이라고 말했다. 이 기법을 이용해 사고하면 우리 주변의 사소한 문제 해결에서부터 새로운 발명, 시대에 대한 통찰 등이 다 가능하다고 말했다.

메타포밍 기법이란 '한 가지 이상의 사물이나 현상을 다른 것과 연관시켜 새로운 무엇인가를 창출하거나 이해해 가는 과정'을 일컫는 말이다.

필자도 이러한 메타포밍 기법을 적극적으로 실생활에 활용하고 있다. 예를 들어 '태권도를 이용한 한자 학습'이라는 것으로 설명하겠다. 태권도와 한자의 만남이라! 여러분들은 가능하겠는가? 필자는 태권도와 한자라는 테마를 교묘히 합쳐서 고정관념이라는 허를 찌르고 말았다.

태권도를 통해 건강을 증진시키고 한자라는 학습을 태권도라는 신체활동을 통해 학습해 나간다는 교수법이었다. 일명 태권한자가 탄생한 것이었다.

처음에 '태권도를 이용한 한자 학습'이라는 발명특허를 획득했을 때 주위에서는 "와! 대단하다. 하하하! 그런데 그게 뭔데. 한번 해봐 웃길 것 같다."라는 찬사와 함께 쇼를 하고 있다는 우스꽝스러운 표정으로 바라보고 있다는 느낌이 뇌리 속에 사라지지 않고 있었다.

필자는 몇 년간 태권도를 운영함과 동시에 수련생들을 대상으로 한자자격증 반도 운영하고 있었다.

어느 날 여러 학부모님들과 상담하는 일이 있었는데 한 학부모님이 "사부님 아이들이 한자가 너무 재미있어 합니다. 고마운 것은 사부님을 통해서 아이가 한자가 어렵다는 고정관념을 갖지 않는 거예요. 만약 태권도를 하면서도 한자를 습득할 수 있다면 너무 재미있겠어요. 아이들 태권도 너무 좋아하잖아요. 다른 공부학원은 다니기 싫어해도 죽어도 태권도는 다녀야 한다는 게 아이들의 마음이잖습니까?"

필자는 이 대화를 통해 태권한자 교수법을 더욱 구체화하도록 노력했다. 태권도 동작을 한자의 형에 맞춰 운동시키는 교수법을 넘어 태권도 동작을 관련된 여러 한자들과 연관시켜 많은 한자들을 빠른 시간 내에 습득해 나갈 수 있는 교수법을 연구해 나갔다.

평소에 책 사는 것을 아까워하지 않는 필자는 시중에 나와 있는 한자와 관련된 책 대부분을 구입했다. 절판된 책들은 각 출판사에 직접 연락해 소지할 수 있도록 노력했다.

많은 다양한 한자 책들에서 얻은 지식과 몇 년간의 한자지도를 통해 얻은 체험을 바탕으로 탄생된 것이 바로 '태권한자카드'다.

> ## '태권한자카드'의 궁극적인 목표는 다음과 같다.
>
> ① 태권도의 규정동작을 제시해 아이들에게 올바른 동작을 전
>   달시키자.
>
> ② 태권도 동작 그림과 연결된 한자들을 습득해 나가자.
>
> ③ 태권한자카드를 통해 자투리 시간을 효율적으로 활용해 나
>   가자.
>
> ④ 태권도를 활용한 교수법으로 태권도장에서뿐 아니라 각 가
>   정 및 학교에서도 학습 및 복습할 수 있도록 유도한다.
>
> ⑤ 태권한자카드 게임 학습을 통해 한자급수(8급, 7급, 6급)
>   자격증을 취득하자.

다음으로 필자는 '태권한자'라는 이 카드가 아이들에게 유용하게 활용될 수 있는 교수법인가를 증명하고자 연구 실험에 들어가기로 했다.

연구실험 방향은 '뇌 영상 기억법' 활용을 통해 운동능력 향상 및 학습능력 효과를 도모하고자 하는 데 목표를 두었다.

참고로 '태권한자'의 연구실험을 간략히 소개하기로 하겠다.

태권한자카드 운동프로그램이 뇌파(우뇌 활성화)와
주의집중력, 한자학습능력 및 체력에 미치는 효과

연구자 최원교

[요약]

저자가 직접 개발한 태권한자카드를 이용한 태권도수련은 뇌파(우뇌활성화)와 주의집중력, 한자학습능력 및 체력에 도움을 주는 것으로 나타났다.

태권도를 배우지 않은 유치원 어린이 14명을 무작위로 태권도그룹(7명)과 태권한자그룹(7명)으로 나눠 8주 동안 주 5회 운동실험을 실시해 비교 분석한 결과 태권한자카드를 이용한 그룹은 우뇌 활성화와 주위집중력, 한자학습능력 및 체력향상에 도움을 주는 것으로 나타났다.

[뇌파결과]

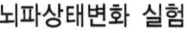

뇌파상태변화 실험

[뇌파 시험결과]

태권도를 시작하기 전의 뇌(우뇌)상태

태권도를 시작한 후의 뇌(우뇌)상태

태권한자카드를 이용한 뇌파상태변화 실험

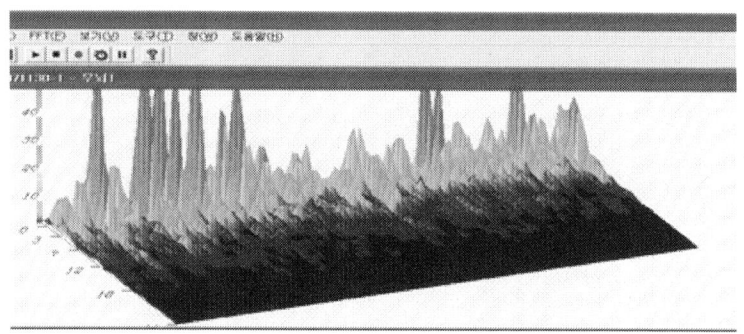

태권한자를 시작하기 전의 뇌(우뇌)상태

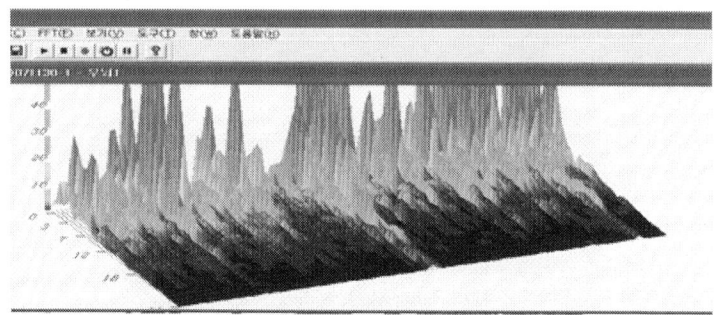

태권한자를 시작한 후의 뇌(우뇌)상태

위에 있는 3차원 그래프는 상황에 따른 베타파의 활동변화를 알아본 것이다. 위쪽에 있는 태권도그룹과 태권한자그룹 뇌파 진행 그림이 다르다는 것을 볼 수 있다.

태권한자프로그램은 '뇌 영상 기억법'을 통해 태권도를 관련한자와 연결시켜 머릿속에서 이미지를 생각하며 운동수행능력을 동시에

향상시키는 데 목적을 두었다.

실험에서 나타난 베타파의 활동변화는 우뇌에서 시각적 이미지를 처리하고 있다는 증거를 보여 주었다.

[실험결과]

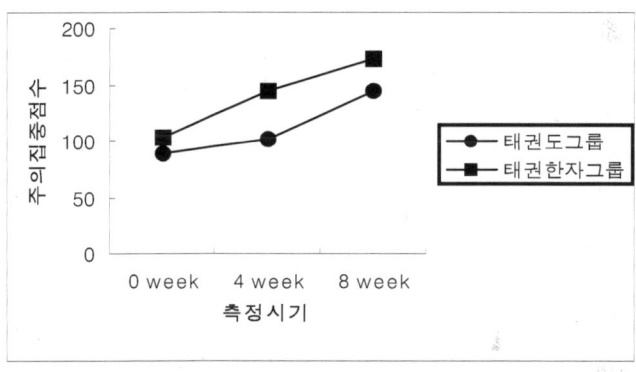

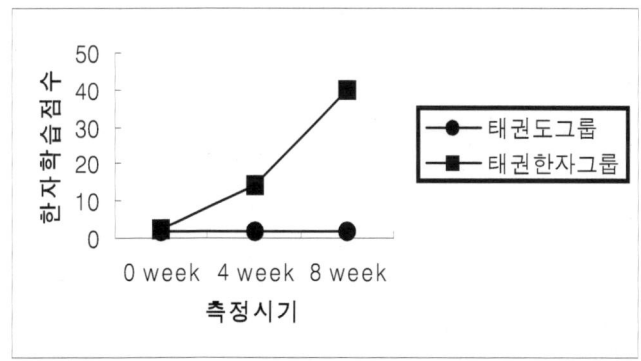

[실험결과]

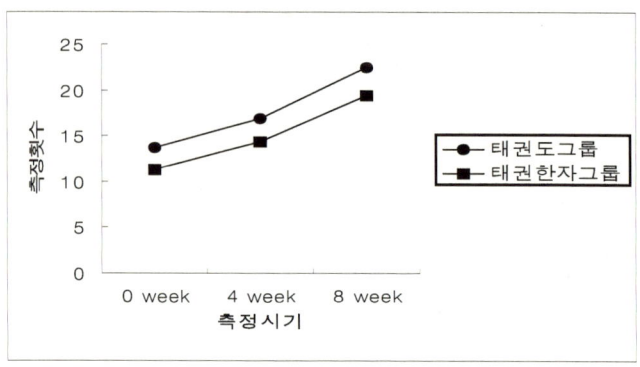

윗몸 일으키기의 변화

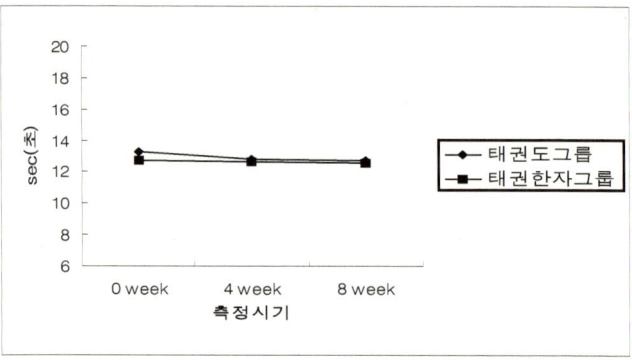

왕복달리기의 변화

태권한자라는 연구 실험을 할 수 있었던 것은 책을 통해 문득문득 떠오르는 아이디어를 적극 활용하고 실천했었기에 실험결과를 도출할 수 있었던 것이었다.

창의적인 아이디어는 책 속에 모두 들어 있다고 자부한다. 순간의 아이디어를 통해 더 나은 생활을 영위하고자 한다면 지금 당장 책을 읽기 바란다.

　포기하지 않고 꾸준히 독서를 한다면 창의력이라는 성공의 쇠사슬은 당신의 몸을 완전히 묶어 버리게 될 것이고 당신의 뇌는 창의성이 가득한 아이디어 공장으로 변모가 될 것이라는 데 의심의 여지가 없을 것이다.

> 나는 특별한 재능이 있는 것이 아니다.
> 단지 굉장히 호기심이 많을 뿐이다.
>
> 　　　　　　　　　　　　　　　－아인슈타인－

독서도 계획적으로 경영하자

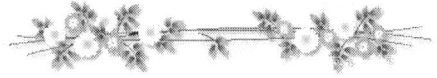

| 독서도 경영이다

'인터넷 제국 건설자' 빌 게이츠는 소문난 독서광일뿐 아니라 "컴퓨터가 책을 대체하리라고는 생각하지 않는다."라고 말했고, "바쁜 일과 중에도 하루 한 시간, 주말에는 두세 시간씩 책을 읽는다."라고 말했다. 1997년에는 게이츠 도서관 재단을 설립해 2,000만 달러를 기부했다. 미국의 부시 대통령, 클린턴 대통령도 독서광이다. 클린턴 은 10일 휴가에 책 12권을 갖고 가며 "하루 2시간씩 떼어 독서를 해서 대통령직을 수행할 수 있었다."라고 말했다.

1890년 설립된 시카고 대학교는 1929년까지 별 볼일 없는 대학으로 명맥을 유지하다가 로버트 허친스 박사가 총장이 되면서 학생들에게 '고전 100권'을 의무적으로 읽게 조치했다. 그리고 그 가운데 자신의 역할모델을 발견하도록 했다. 명문 대학에 비해 역사도 짧고 우수한 학생도 많이 빼앗겨야 했지만 고전 속에 위대한 인물을 발견하고 닮아 가는 과정 속에서 70명이 넘는 노벨상 수상자를 배출하여 명문 중의 명문으로 되었다는 사실만으로도 독서의 중요성은 글로벌 시대의 강력한 도화선인 것이다.

| 독서경영의 유익성

독서를 통해 얻을 수 있는 것은 매우 많고 다양하다. 몇 가지로 정리해 보겠다.

① 인생의 가치관으로 세울 수 있다. 특히 젊은 시절 즐겨 읽은 책은 인생 전체에 대한 좌표와 원칙을 세우는 데 중요한 개념들을 얻을 수 있다.

② 정서를 풍부하게 해 준다. 보통 책을 읽는 사람들의 가장 큰 이유이자 욕구일 것이다. 재미, 문화적 호기심, 상상력 등을 충족시킬 수 있어 우리 삶을 더 풍요롭게 한다.

③ 다양한 지식을 얻을 수 있다. 이것 역시 부인할 필요 없는 독서의 중요한 유익성일 것이다.

④ 그 분야에 뛰어난 자질과 경험(타인의 성공 노하우)을 빌려 올 수 있다. 학생 시절에는 무시했던 이른바 성공이나 처세술 등에 해당하는 책들인데, 실제로 사회에 나와서 제일 많이 읽게 되는 책들이다. 수많은 성공의 원리와 사례들이 담겨 있다.

⑤ 자극을 유지하여 주는 중요한 동기부여자다. 사회생활에서 결코 뒤처질 수 없는 자기 계발의 열정과 동기를 지속시키는 큰 힘이 된다. 필자가 보험 세일즈맨으로 일할 때 가장 크게 도움을 받았던 것이 바로 독서의 힘이었다.

⑥ 책은 슬럼프를 극복할 수 있는 내면의 친구가 된다. 슬럼프에 빠질 때마다 펴 보는 나만의 스테디셀러가 있다. 10번이고 20번이고 같은 대목을 보며 마음을 다스린다. 또한 일과 환경으로부터 너무 지쳤을 때, 우연히 만난 한 권의 책이 내 마음과 영혼을 녹이는 경우를 수없이 경험하곤 했다.

〈출처: 성공을 바인드하라, 강규형〉

| 독서계획

1. 연간계획을 세우자

연간 책을 몇 권을 읽을 것인가는 개인이 처해 있는 환경에 따라 달라질 것이다. 연간 100권의 책을 독서하겠다고 다짐했다면 실천만 하면 끝이다. 만약 100권의 책을 읽기 힘들다면 100권의 책이라도 소장하겠다는 목표를 세워 보자.

이러한 체계적이고 계획적인 연간 목표설정은 삶의 방향을 설정해 주고 앞으로 어떻게 행동해야 할지 우리에게 가이드라인을 제공하게 해 준다.

2. 월간 / 주간 독서계획을 세우자

연간계획을 월간 독서계획표와 주간 독서계획표로 독서 목표를 더욱 구체화한다.

3. 도서목록을 체계적으로 기록한다

책을 읽을 때 무조건 다독하는 것보다 좋은 책을 취사선택하는 능력을 기르는 것이 중요하다. 서점에 자주 방문하여 사람들이 많이 찾는 도서들을 확보하는 것만이 시간과 돈을 절약하는 방법이다.

필자의 도서목록 기록표(2008년 4월~5월)

번 호	구입날짜	도서명	저 자
1	4.2	자기 발전노트	안상헌
2	4.5	한국의 영업왕 열전	장승규
3	4.9	장사의 법칙	이정식
4	4.13	나를 위해 살아라	로라 버먼 폴트강
5	4.19	실패학 정신	김동조
6	4.22	일하면서 책 쓰기	탁정언, 전미옥
7	4.30	세상에 없는 마케팅을 하라	기획이노베이트그룹
8	5.3	인생 2막	권혁기
9	5.4	1인 기업의 성공전략	김형환
10	5.5	주말경쟁력을 키워라	공병호
11	5.7	성공 제테크 10계명	민주영
12	5.10	아주 특별한 습관	김영수
13	5.11	발명 특허로 성공하기	유재복
14	5.12	6시그마로 부자되기	안광호
15	5.17	이기는 습관	전옥표
16	5.18	태권도 공인품새 해설	강익필, 송남정
17	5.18	태권도 오천년사	최점현
18	5.21	태권도 트레이닝 논문	김지현
19	5.24	고객유혹의 기술	조태현
20	5.25	실패도 성공도 없다	김혁기
21	5.28	태권도심경	아창후

4. 책을 늘 휴대한다

필자는 외출할 때나 모임이 있을 때 늘 플래너나 책 1권을 들고 나가는 습관을 가지고 있다. 때론 불편함을 느끼기도 하지만 의도적으로 도구들을 가지고 나선다. 이러한 도구들은 약속 시간이나 전철, 혹은 무료한 시간에 유용하게 활용된다. 시간을 생산적이고 효율적으로 보내고자 한다면 자투리 시간을 최대한으로 활용하기를 바란다.

"작은 도끼질이 모여 집채만 한 거목을 쓰러뜨린다."

－무도철학

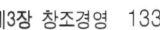

'아이디어'
창업으로 연결시키자

본 창업사업계획서는 필자가 실제 『2008년 중소·벤처 창업경진 대회』에 출품한 것으로 현재 심사 진행 중에 있습니다.

이 사업계획서는 독자들의 이해를 쉽게 전달하고자 하는 목적이 있습니다. 심사결과에 관계없이 이 사업계획서는 본선에 출품하지 않을 것을 약속드립니다.

중소기업청 공고 제2008-88호

〈출처: 중소기업청 홈페이지, 2008〉

기술경쟁력과 성장 잠재력을 갖춘 대학(원)생 및 교수 연구원, 일반 예비창업자의 창업아이디어 및 아이템을 발굴 육성하여 사업화를 촉진하고자 『2008년도 중소·벤처 창업경진대회』를 공고하오니 많은 관심과 적극적인 참여를 바랍니다.

2008. 5. 19

중소기업청장

2008년도 중소·벤처 창업경진대회 공고

1. 목 적

□ 기술경쟁력과 성장 잠재력을 갖춘 대학(원)생 및 교수, 연구원, 일반 예비창업자의 창의적이고 우수한 벤처창업 아이디어 발굴 및 교육을 통한 벤처 창업 분위기 조성.

□ 예비창업자에게 효과적인 사업화 모델을 제시하고 사업계획 능력을 고양시켜 벤처 창업의 성공가능성을 제고.

2. 개 요

□ 주 최: 중소기업청

□ 주 관: 지방중소기업청, (사)한국창업보육협회.

□ 후 원: 중소기업진흥공단, 기술보증기금, (사)한국벤처산업협회, 한국벤처캐피탈협회, 한국경영컨설팅협회, 한국창업경영컨설팅협회.

□ 참가자격: 창업아이디어 및 아이템 등 우수 비즈니스모델을 보유한 개인 또는 단체(팀).

□ 모집부문
○ 학 생 부: 대학 및 대학원 재학생
○ 일 반 부: 교수·연구원 및 일반 예비창업자

□ 응모분야

○ 지식서비스, 정보통신, 제조, 도소매 등 전 분야

3. 추진절차

사업공고(중소기업청)　5월

⇩

사업설명회(지방청 자체계획)　5월

⇩

1차 창업계획서 신청 및 접수(지방청)　5월-6월

⇩

지역예선(서면 및 발표심사)　6월

⇩

본선진출자 추천(지방청)　6월

⇩

창업실무교육(협회)　7월

⇩

2차 사업계획서 접수(협회)　7월

⇩

중앙본선(서면 및 발표심사)　8월

⇩

수상자 선정 및 공지(협회)　8월

⇩

기술 및 창업경영컨설팅(기술보증기금) 10월-11월

⇩

수상작 발표 및 시상식(창업대전 연계) 11월

⇩

글로벌 창업연수(한경) 11월

4. 추진일정

☐ 제안서 신청 및 접수: 2008년 5월 19일~6월 20일

○ 접수방법: 우편 및 방문접수

○ 제출서류

　가. 참가신청서 1부

　나. 창업사업계획서(요약서 포함) 5부 및 파일CD

　다. 재학증명서 및 재직증명서(해당자에 한함) 1부

☐ 발표 및 시상: 2008년 11월 1일
　　　　　　(대한민국 창업대전 개최 시)

5. 수상자 특전

☐ 2008 글로벌 창업연수

☐ 2008 대한민국 창업대전 전시(전시 적격 여부 별도 심사
　및 투자 유치 IR 상담회 참가)

☐ 기술 및 창업, 경영 컨설팅 지원(기술보증기금)

☐ 창업보육센터 입주 시 가점 부여

『2008 중소·벤처 창업경진대회』참가신청서

지원분야	학생부( ) 일반부(○)		접수번호	
창업사업명	태권도를 이용한 운동 및 학습게임카드 머신세트			
핵심기술	학습카드를 통해 우뇌활성화 증진 및 체력향상 도모			
참가구분	창업동아리 ( ), 일반 팀 ( ), 개인 (○)			
성 명	최원교	주민등록번호	760620 -*******	
소 속	학생부	대학(교) 학과 (재학, 휴학)		
	일반부	일반 창업 예정자		
연락처	전화번호	(휴대폰) 010-3325-7987		
	Email	wonkyo99@hanmail.net		
팀구성원	성 명	소 속	담당분야	
지적재산권 출원및등록	검색여부	검색완료(○) 미검색( ) 해당없음( )		
	출원여부	등록완료(○) 출원중( ) 미출원( )		

상기와 같이 『2008 중소·벤처 창업경진대회』참가신청서를
제출합니다.

2008년 6월 15일
신청인: 최원교 (서명 또는 날인)

지방중소기업청장 귀하

창업사업계획서

사업 분야	교 육 학 습
창업사업명	태권도를 이용한 운동 및 학습게임카드 머신세트
동아리(팀)명	개 인
신청인(대표자)	최원교

〈참 고〉

본 사업계획서는 필자가 실제 2008년 창업·벤처 경진대회 에 출품한 것으로 현재 심사 진행 중이며, 이 사업계획서는 독자들의 이해를 쉽게 전달하고자 하는 목적이 있습니다.

심사결과에 관계없이 이 사업계획서는 본선에 출품하지 않을 것을 약속드립니다.

사업계획 요약서 (기본양식)

아이템명	
적용분야	

	대표자명	
	(팀)명	

사업개요	○ 창업동기 및 사업의 기대효과 ○ 사업내용 및 특성
보유기술	○ 보유기술의 수준 ○ 기술의 파급효과
시장분석	○ 목표시장 규모 및 전망 ○ 사업화 가능성 및 마케팅 전략
사 업 화 추진계획	○ 사업계획 차질 시 대처방안

사업계획 요약서 (실제)

실제 사업계획서를 간략히 요약하기로 하겠다

아이템명	태권도를 이용한 운동 및 학습게임카드 머신세트	
적용분야	교육·학습	
	대표자명	최원교
	(팀)명	개 인
사업개요	태권도를 '뇌영상 기억법' 활용법을 통해 운동향상뿐 아니라 다양한 학습게임이 접목된 에듀테인먼트 시스템 지향	
보유기술	발명특허를 획득한 한자 운동 활용법과 태권한자 4단계 체계적인 학습법으로 연구 논문을 통해 검증된 프로그램	
시장분석	- 태권도 초등학교 정규 교과목 채택 전망 - 중국 경제대국 부상으로 인해 한자 수요 인구 증가	
사 업 화 추진계획	- 상호 win-win 전략수립을 통한 판매 극대화 - 교수법 전수를 통한 차별성 극대화 유도	

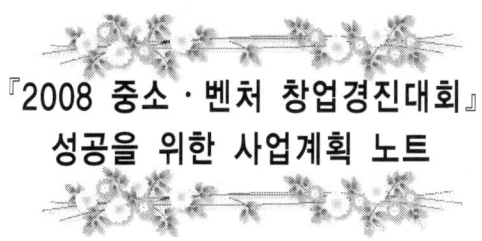

『2008 중소·벤처 창업경진대회』
성공을 위한 사업계획 노트

1. 창 업

창업이란 용어를 사전에서 찾아보면 '사업의 기초를 세우고 처음 시작함', '사업의 기초를 닦음' 등으로 설명하고 있다.

창업을 위해서는 그에 상응하는 치밀한 준비와 체계적 절차가 필요하게 된다. 창업의 준비와 절차는 창업을 하는 창업의 형태, 그리고 창업 규모 등에 따라 약간씩 다를 수 있다. 창업을 위해서는 창업 목표의 설정, 내부능력 및 환경 분석, 창업아이템의 탐색과 선별, 창업아이템의 타당성 분석, 사업계획의 수립과 추진과 같은 과정을 거치게 된다.

먼저 분석한 각종 기회와 위협, 창업자의 강점과 약점을 참고하여 창업아이템을 탐색하고 보다 우수한 대안을 선별하게 된다. 이어서 1차 선별된 대안을 대상으로 시장성, 기술성, 경제성 등의 사업의 타당성을 전체적으로 평가하여 그 채택 여부를 결정한다. 그리고 창업아이템의 사업성, 즉 경제적 타당성이 확인되면 창업을 위한 구체적인 계획을 수립하고 이를 시행하게 된다.

다음의 표는 창업자의 개인 특성 평가를 위한 것으로 바움백(Baumback)과 로어(Lawer)에 의해 제시된 개인특성에 따른 적성평가 방법으로 평가항목 및 방법은 다음의 표와 같다.

〈창업자 개인특성평가〉

평가항목	평 점				
	5	4	3	2	1
■ 다른 사람과 경쟁하기를 좋아한다.					
■ 보상에 관계없이 성공을 위해 열심히 경쟁한다.					
■ 다소 신중히 경쟁하지만 가끔 허세도 부린다.					
■ 이익을 얻기 위하여 주저하지 않고 때로는 위험도 무릅쓴다.					
■ 업무를 통해 확실한 성취감을 얻는다.					
■ 일단 결정한 것은 무엇이든 1등이 되고 싶다.					
■ 전통에 얽매이지 않는다.					
■ 먼저 일을 시작하고 나중에 의논하는 성향이 있다.					
■ 칭찬이나 보상보다는 업무의 수행 자체를 중요시한다.					
■ 타인의 의견에 구애받지 않고 항상 내 방식대로 한다.					
■ 과오나 패배를 잘 인정하지 않는다.					
■ 좀처럼 좌절하지 않는다.					
■ 호기심이 강하다.					
■ 비판에도 잘 참을 수 있다.					
■ 일이 완성되는 것을 끝까지 보고자 한다.					
■ 사업지식 습득을 위하여 열심히 노력한다.					

성공적인 창업을 위해서는 무엇보다 창업자의 자신감이 중요하다. 호경기라 하더라도 결의에 찬 창업자의 의식이 없으면 머지않아 어

려움에 처하는 것과 마찬가지로 절망적인 불황이라 하더라도 자신감을 가지고 임하면 좋은 방법이 떠오르기 때문이다. 그러나 무턱대고 자신감을 갖는 것은 무의미하다. 환경이나 자신의 역량에 대한 분석적인 시각이 없으면 사업은 위험할 수 있기 때문이다. 이런 점에서 자신감을 회복하기 위해 자신의 강점과 약점을 파악해 보는 것은 대단히 중요하다. 자신이 가지고 있는 장점은 최대한 활용하고 약점은 미리 보완하거나 피해감으로써 실패를 미연에 방지할 수 있기 때문이다. 자신의 강점과 약점 파악은 자만이나 자학의 목적이 아니라 창업에 전략적으로 활용하려는 것이므로 냉철하게 살펴보되 가급적 긍정적 안목에서 분석할 필요가 있다.

〈출처: 이동혁, 점포창업 실전 프로세스〉

1) 자신의 강점을 파악하자

막연하게 생각해서는 자신의 강점을 발견하기 쉽지 않다. 만약 창업을 준비하고 있는 사람이 실직 중이라면 절망상태에 있을 것이므로 장점을 발견해 내기가 쉽지 않을 것이다.

어려운 상황일수록 자신의 잠재력을 찾아보는 것은 매우 중요하다. 왜냐하면 부정적인 여러 상황을 반전시키기 위해서는 자신의 강점을 찾아야 할 필요가 있기 때문이다. 자본금이 부족하고 조달할 방법이 없다면 더욱 돈을 들이지 않고 아이디어를 돌파할 수 있는 방법을 찾아야 하며, 시장의 경기가 부진하여 소비가 위축된 상황이라면 이를 극복할 수 있는 마케팅 전략이 필요하기 때문이다. 자신의 강점을 평가할 때는 가급적 직장이나 학창생활에서 검증된 것들을 기술하는 것이 주관적 오류를 방지하는 데 도움이 될 것이다. 평가방법은 아래에 제시할 표의 항목 중에서 자신의 해당 정도를 체크하여 보통 이상으로 표시되는 항목을 강점으로 분류한다. 만일 성격, 대인관계, 업무습관, 미래대비 항목에서 자신이 생각하는 내용이 없거나 추가하고자 하는 경우에는 새로운 항목으로 넣어서 점수를 매기면 된다. 이렇게 분류된 강점 항목 상위 5개를 고른다.

2) 자신의 약점을 파악하자

스스로 생각해도 능력이나 자질이 부족한 부분은 누구나 있기 마련이다. 표의 항목에서 보통 이하에 해당되는 항목들이 자신의 약점이다. 평균에 미치지 못하는 항목 중에서 하위 5개를 골라 제시된 표에 강점과 함께 정리한다.

3) 강점과 약점의 정리와 1차 활용

창업전략을 수립할 때 강점이 기회를 극대화시키는 용도로 활용된다면 약점은 위험을 피하는 용도로 활용된다. 예를 들어 컴퓨터를 이용해서 인터넷사업을 하려는 두 사람이 있는데 한 사람은 컴퓨터에 능숙하고 정보화 마인드는 높은 반면 한 사람은 그렇지 못하다면 누가 성공할 가능성이 높을 것인가? 당연한 이야기지만 전자가 성공할 가능성이 높을 것이다. 따라서 후자는 컴퓨터 분야보다는 자신의 강점이 있는 분야를 중심으로 창업을 준비하여야 할 것이다. 강점과 약점의 발굴 자료는 1차적인 용도로도 가능하지만 SWOT 분석을 통해 구체적인 전략 방향을 탐색하는 용도로 활용하면 더욱 효과적이다.

항 목	매우 그렇다 (5점)	비교적 그렇다 (4점)	보통 이다 (3점)	그렇지 않은 편 (2점)	전혀 아니다 (1점)
성 품					
긍정적 사고를 한다.					
겸손하다.					
기지와 재치가 있다.					
인내와 끈기가 있다.					
대인관계					
대인관계의 폭이 넓다.					
활달한 성격이다.					
화술, 표현력이 뛰어나다.					
인상에 호감을 준다.					
업무습관					
업무에 완벽하다.					
일에 대해 집중한다.					
기획 및 분석력이 있다.					
추진력이 있다.					
창의력이 있다.					
미래대비					
정보마인드가 있다					
컴퓨터 실력이 있다.					
어학능력이 있다.					
독서를 많이 한다.					
건강하다.					

〈출처: 점포창업 실천프로세스, 이동혁〉

<강점과 약점의 체계적 정리>

NO	강점 BEST 5	약점 BEST 5
1		
2		
3		
4		
5		

4) 자신의 강점과 약점의 환경 분석

자신의 강점과 약점은 외부환경과의 조화가 중요하다. 외부환경은 기회 및 위협요인, 강점과 약점의 내용을 각각의 자리에 위치시키면 다음과 같이 네 가지 유형의 전략방향에 관한 매트릭스를 만들 수 있다.

첫째, 기회와 강점을 결합한 전략방향이다.
 (SO전략)
둘째, 위험에 대비하면서 강점을 활용하는 전략방향이다.
 (ST전략)
셋째, 기회를 살리되 약점을 감안한 전략방향이다.
 (WO전략)
넷째, 위험도 크고 약점도 많을 때의 전략방향이다.
 (WT전략)

〈SWOT 분석에 따른 전략 매트릭스〉

구 분	기회요인 (O)	위협요인 (T)
강 점 (S)	기회를 살리고 강점을 활용하는 전략(SO전략) ⇩ 1순위(성공전략화)	강점을 살리되 위험을 줄이는 전략(ST전략) ⇩ 2순위(위험회피)
약 점 (W)	기회를 살리되 약점을 감안하는 전략(WO전략) ⇩ 3순위(성공전략화)	위험과 약점을 동시에 고려하는 전략(WT전략) ⇩ 4순위(위험회피)

2. 사업타당성 및 시장성 / 기술성 / 경제성 / 경영능력 분석

사업타당성이란 사업계획의 내용이 얼마나 현실성 있고 체계적이며 합리적이고 객관적인가를 평가하는 과정으로서 향후 사업의 성공가능성을 예측할 수 있을 것이다. 이러한 일련의 과정을 통해 사업을 성공적으로 이끌기 위해서는 창업자 혹은 현재 가지고 있는 강점을 재확인하고 부족한 부분이 무엇인가를 진단하여 이에 대한 대책을 강구하여야 하겠다. 따라서 사업타당성 검토에 있어 무엇보다도 중요한 것은 객관적인 사실을 파악하고 그것을 인정하는 것이다.

사업타당성 검토에는 4가지 요소가 있는데 시장성, 기술성, 경제성 그리고 경영능력으로 구분할 수 있다.

시장성 분석이란 구상하고 있는 재화를 어디에 얼마나 팔 수 있는가를 조사하는 것이라 할 수 있다. 즉 시장조사를 통해 시장을 발견하고 그 시장에 대한 자료를 수치화하여 판매전략을 세우고 가능성을 검토하는 것이다.

시장조사 시에는 시장의 특성, 과거 및 현재의 수요와 공급분석,

미래 수요의 분석, 시장점유율 등을 조사하고 이를 토대로 신시장의 개발과 기존 상품과 차별화된 신상품의 판매전략 및 추정 판매량 등을 분석해야 한다.

특히 새로운 아이디어 상품의 경우 대체할 수 있는 기존 상품시장을 조사하고 소비자가 진정으로 소비욕구를 가질 만한 상품인가를 면밀히 검토해 보아야 한다. 이때 다시 한 번 강조되는 사항이 바로 객관성이다. 창업자의 주관적인 판단으로 재화를 개발하면 잘 팔릴 것이라는 생각은 버리고 설문조사 등을 통하여 실제 수요를 현실에 가깝게 예측해야 한다.

또한 시장성 분석에서는 사회적 공익도 고려를 하여야 한다. 즉, 기업은 영리추구를 목적으로 하는 단체이기도 하지만 기업의 사회적 책임이라는 부수적인 목적도 있으므로 공공의 이익과 질서에 해가 되는 사업을 영위해서는 안 되며, 사회적 공헌의 효과도 점검을 하는 것이 좋다.

시장성 분석 절차

① 시장조사의 목표를 설정한다.

⇩

② 1차 시장조사를 실시한다.

⇩

③ 1차 시장조사 자료를 정리하고 세부조사계획을 수립한다.

⇩

④ 2차 시장조사를 실시한다. 이때 소비자를 대상으로 설문조사도 실시하여 소비 성향이나 기존 제품의 개선점 등도 함께 파악한다.

⇩

⑤ 2차 시장조사 자료를 정리하고 분석한다.

⇩

⑥ 시장분석자료를 토대로 기존 시장의 특성(시장점유율 / 시장규모 / 공급자현황 / 기존제품의 장단점 등)을 구분하고 미래시장에 대한 예측(수요 / 신기술 / 개선점) 등을 한다.

⇩

⑦ 판매전략을 수립하고 예상 시장점유율과 판매량을 예측한다.

기술성 분석이란 현재 구성하고 있는 상품이 기술적으로 타당한가? 즉 기술적으로 실현가능성이 있는가를 점검하고 실현성 있게 하기 위해서는 어떠한 대안들이 있는가를 분석하는 것이다. 새로운 재화에 대한 아이디어가 있다 하더라도 기술적으로 불가능할 경우에는 사업화가 어렵고 또한 기술적으로 가능하다 해도 여러 가지 대안 중에서 최적의 방법을 찾아 최대의 이익을 창출할 수 있도록 하여야 할 것이다. 최적의 방법이란 결국 현재 가지고 있는 기술을 활용하여 최선의 공정을 선택하고 최저의 원가로 생산하는 것이다.

기술성 분석 절차

① 현재 보유한 기술의 경제성을 파악한다. 상품으로서 출시가 가능한가? 동일 제품 또는 유사 제품과의 차별성과 대체가능성은? 소비자가 부담할 수 있는 가격인가? 핵심기술의 지속적인 개발이 가능한가?

⇩

② 생산원가가 경쟁력이 있는가를 검토한다. 상품화하기까지 필요한 연구개발비 및 기자재에 대한 투자를 산정하고 생산에 필요한 설비 등 투자항목과 서비스의 제공에 필요한 비용을 산정한다.

⇩

③ 새로운 서비스 개발에 따른 위험요소를 파악하고 이에 대한 대책을 마련한다.

⇩

④ 보유한 서비스가 객관적으로 평가받을 수 있다면 이에 대한 근거서류를 마련한다.

경제성 분석이란 시장성과 기술성의 분석에서 얻은 자료를 이용해 종합적인 사업타당성 검토를 하는 단계로서 사업의 내용이 시장성과 기술성을 만족시킨다 하더라도 최종적인 투자의 결정은 경제성에 달려 있다.

경제성 분석 절차

① 기술성 분석을 통한 서비스 제공계획을 이용하여 서비스 제공의 명세서를 작성한다.

⇩

② 시장성 분석을 통한 자료를 이용하여 서비스 판매 계획을 수립한다.

⇩

③ 경영에 필요한 세부 관리항목을 점검하고 이에 따른 소요비용을 산정한다. 소요비용은 손익계산서 항목을 이용하

여 각 항목별로 빠짐없이 추정하여야 한다.

⇩

④ 종합적으로 총비용 및 소요자금을 추정한다. 소요자금의 추정 시에는 상품화 이전까지의 초기 소요자금과 판매 및 수금, 지속적인 개발과 경영에 소요되는 자금을 구분하여 작성한다.

⇩

⑤ 상기 기술과 자료가 준비되면 추정 손익계산서를 작성한다. 추정 손익계산서는 향후 5개년 치를 작성하되 초기 1년 내지 2년 정도는 월별로 작성하도록 한다.

⇩

⑥ Cash Flow를 작성한다. 추정 손익계산서와 마찬가지로 향후 5개년 치를 작성하되 초기 소요자금과 서비스 개시 이후를 구분하고 초기 소요자금 및 초기 1년내지 2년 정도는 월별로 작성하도록 한다. 아울러 소요자금의 조달계획을 작성토록 한다.

⇩

⑦ 추정 손익계산서와 추정 Cash Flow를 자료로 이용해 추정 대차대조표를 작성한다. 마찬가지로 향후 5개년 정도는 작성하는 것이 좋다.

⇩

⑧ 이러한 자료가 완성되면 사업의 미래 경영 상태를 예측하고 분석하게 된다. 최종적인 사업타당성을 평가하기 위해서는 위험요소에 대한 분석을 철저히 하고 이에 대한 대안을 마련해야 한다. 위험요소의 분석은 기업 내부 환경 및 외부환경에 대한 기회요인과 위협요인을 점검하고 대책을 강구한다.

경영능력 분석이란 외부 투자가는 창업자의 경영능력을 주시한다. 획기적인 사업 아이템을 가지고 있더라도 그 사업의 주체인 경영자의 능력이 부족하면 그 사업은 성공할 수가 없다. 과거 소규모 창업에서는 창업자 개인이 모든 업무를 담당하면서 기업을 성장시켜 왔다. 그러나 현대는 다변화사회이다. 모든 것이 빠르게 변하고 있으며 전문성을 요하고 있다. 이러한 사회에서는 1인이 주도하는 경영보다는 타인의 전문가가 공동으로 주도하는 경영이 훨씬 효율적이고 성공 가능성이 높으며, 최소한 경영자문을 받는 것이 좋다.

이러한 측면에서 볼 때 창업에 따른 전략적 제휴도 적극 고려해 볼 만하다. 즉 자본의 공동참여, 기술과 마케팅의 협력, 다양하고 적극적인 아웃소싱을 통한 참여의식의 제고 등을 적절히 활용해야 성공 가능성을 높일 수 있다.

외부투자가들이 보는 경영능력 척도

① 창업자가 창업을 하게 된 동기는 무엇인가?
⇩
② 창업에 따른 기대효과는 무엇인가?
⇩
③ 회사의 목표는 무엇이며 목표달성을 위한 전략은 무엇인가?
⇩
④ 창업자가 성공에 대한 확신은 어느 정도이며 그에 대한 구체적인 아이디어는 가지고 있는가?
⇩
⑤ 창업자의 과거 경력은 무엇인가?
⇩

⑥ 창업자의 강점은 무엇이고 약점은 무엇이며 강점을 최대
화하고 약점을 보완하는 대책은 있는가?

⇩

⑦ 창업자는 어떠한 성격의 소유자인가?

⇩

⑧ 창업팀의 구성원들은 각기 어떠한 역할을 하고 있으며 각
역할별로 조화를 이루고 있는가?

〈출처: 한국태권도문화연구원 자료집 69호, 70호, 73호〉

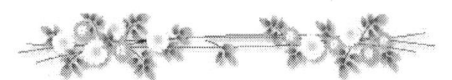

창조를 현실로 실현화하는 실천법

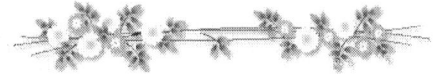

| 세상에 없는 아이디어를 생각해 내자

어릴 때 연필 위에 달린 지우개 덕분에 편리하게 공부했었던 기억이 날 것이다. 연필 달린 지우개 역시 우리가 편리하게 공부할 수 있게끔 고안된 대발명 중 하나이다.

연필 달린 지우개는 필라델피아 근교에 살던 하이만이라는 소년의 의해 발명되었다. 그림 그리기를 좋아한 이 소년은 어느 날 귀찮은 걱정거리가 생겨나기 시작했다. 행인들의 인물화 그림을 그려 주고 받은 돈으로 생계를 유지했었던 이 소년은 한참 열심히 그림을 그리던 중 지우개가 필요할 때 어디론가 사라지는 경우가 비일비재한 경우가 많았었다.

그러던 어느 날 외출하기 위해 거울을 보며 모자를 쓰려 하는 순간 자신의 모습에서 반짝이는 영감을 얻었다.

"그래, 지우개를 연필의 머리 부분에 모자를 씌우듯 만들어 고정하는 거야. 그렇게 되면 지우개를 잃어버리는 일은 없을 거야!"

하이만은 그 즉시 양철조각을 가져와서는 지우개와 연필 사이를 양철로 단단히 묶어버렸다.

"됐다. 이젠 지우개를 잃어버리는 일은 없을 거야!"

며칠 후 친구 윌리암이 놀러 와서 지우개 달린 연필을 보더니 눈이 휘둥그레졌다.

"야 이거 정말 대단한데. 이걸 특허로 등록하면 어떻겠니?"

하이만은 윌리암의 도움으로 특허출원을 마친 다음 '리버칩'이라는 연필 제조회사를 찾아갔다. 그리하여 계약금 1만 5,000달러에 한 자루당 2%의 이익금을 받는 조건으로 그 특허권을 팔았다. 그렇게 해서 하이만은 많은 돈을 벌게 되었고 그 특허권으로 성공한 '리버칩' 역시 미국 내에서 손꼽히는 큰 회사로 성공하게 되었다.

이 기사를 보고 무엇을 느꼈는가?

당신이 하고자 하는 분야나 관심 있는 분야에 조금만 생각을 달리하면 연필지우개를 발명한 하이만처럼 되지 말라는 법이 없다.

창조란 이 세상에 존재하지 않는 것을 발명해 내는 것이 아니라 기존의 있는 것을 응용해 새로운 것을 만들어 나가는 것이라고 필자는 정의 내리고 싶다. 창조란 '극단적 모방'이라고도 하지 않았던가!

그러면 창조를 이끌어내기 위해서는 어떠한 자세가 필요한가?

1) 발상의 전환을 생활화하라

집 안에서든, 회사에서든 하고자 하는 일에 조금만 결과에 빗나가면 "이거 왜 이래? 아이 짜증나." 하며 시시콜콜한 불평불만을 늘어놓을 것이다.

우리는 물질적 풍요들을 만끽하면서도 한편으론 정신적으로 크고 작은 스트레스를 많이 받고 있는 환경 속에서 살아가고 있다. 풍요로워진 만큼 불만족스러운 것 역시 나날이 많아지는 것은 당연하다. 그러나 불만족스럽거나 불평불만으로 끝내서는 안 된다. 속상하고

불만이 많을수록 그 근본적인 문제를 해결해야만 한다.

어떻게 하면 근본적인 문제를 찾아내 해결방법을 모색해 타계할 수 있을까?

'발상의 전환'을 통해 생활에 접목하길 바란다.

경영혁신 세미나에서 있었던 일이었다. 소장님이 "우리 주위에는 음식점이 많습니다. 하지만 아쉽게도 파레토의 법칙처럼 음식점들의 20%만이 성공하는 기쁨을 맛보며 즐겁게 음식점들을 경영하고 있지요. 나머지 80%의 음식점들은 하루하루 힘겨워하고 있습니다. 여러분 그렇다면 80%의 음식점들은 항상 20% 안에 들어가지 못할까요? 아닙니다. 혁신을 통해 얼마든지 극복할 수 있습니다. 가격이나 음식맛, 서비스 등 우리 음식점이 가지고 있는 상황들을 기록해 보시기 바랍니다. 그래서 문제점들을 하나씩 바꿔 나가신다면 20%의 범위 안으로 들어갈 수 있는 확률은 점점 가까워질 수 있다는 느낌을 맛보게 될 것입니다.

두 개의 순대국밥 음식점이 있습니다. 한 음식점은 항상 북새통을 이루며 빈자리가 없을 정도로 바쁜 음식점이며 다른 음식점은 파리만 훨훨 날아다니는 모습만 보며 한가히 시간만 보내는 음식점이 있습니다. 경영에 어려움에 처해 있는 음식점은 돌파구가 없을까요? 아닙니다. 음식의 맛이 다른 음식점과 비교해 차이가 없다면 혁신을 통해 바꿔나가면 됩니다. 먼저 순대국밥 이외의 반찬들을 확인하시기 바랍니다. 손님들이 많이 먹는 반찬 한두 가지만 제외하고 모두 빼십시오. 그리고 반찬의 양을 줄이시기 바랍니다. 그렇다면 불필요한 음식재료 단가를 낮출 수가 있겠지요. 그다음 주음식인 국밥의 차별화를 주시기 바랍니다. 국밥 속에 새로운 재료들을 늘리고 마지막으로 국밥의 양을 늘리신다면 그 음식점은 지금처럼 계속해 어려움에 처해 있을까요? 아니면 성공으로 가는 길목에 서서 항상 웃음 속에 즐거운 하루를 보낼까요? 당연하죠. 혁신을 통해 '불필요한 자제는 과감히 빼고 품질은 향상시키고 서비스는 더하라'는 기업경영과 일맥상통한다고 볼 수 있습니다."

'발상의 전환'이야말로 창조의 커다란 밑거름인 것이다.

2) 관찰력을 훈련시키라

우리 주위에 있는 많은 크고 작은 물건들을 보자. 면도기며, 칫솔 등 각종 다양한 크고 작은 물건들은 창조를 통해 발명으로 이루어진 것들이다.

아직도 우리 주위에는 더 편리한 생활을 영위할 수 있도록 끝없는 변화를 요구하고 있다.

문제의식을 가지고 주위를 살펴보기 바란다. 바라보는 자세가 진지하고 세심할수록 바꿔야 할 부분들이 고쳐야 할 사항들이 서서히 나타날 것이다. 마치 의식을 가지고 한참을 바라보아야만 그림 속에 숨겨진 글씨나 또 다른 그림들이 나타나는 매직아이(magic eye)처럼 말이다.

노벨상을 만든 노벨의 다이너마이트도 바로 이러한 세심한 관찰에서 비롯된 것이다. 니트로글리세린이라는 액체 폭약을 파는 일개 상인에 불가하였는데 기차가 덜커덩거리기만 해도 폭발하는 위험한 물질인 니트로글리세린을 항상 목숨을 걸고 수송해야 하는 생활을 했다. 그래서 '쉽게 폭발하지 않는 폭약을 만들 수는 없을까?'라는 생각은 항상 그의 머릿속에서 사라지지 않는 숙제였으며 이루고자 하는 욕망이 떠나질 않았다.

그러던 어느 날, 니트로글리세린이 든 통을 기차에서 내리려고 하는데 통의 어디엔가 구멍이 뚫렸는지 통 속의 액이 뚝뚝 떨어져서 모래에 스며들고 있었던 것이었다. 자세히 살펴보았더니 모래와 섞인 니트로글리세린은 마치 인절미처럼 굳어지고 있었던 것이었다. 노벨은 혹시 폭발할지도 모른다는 불안감 속에서도 조그만 덩어리를 망치로 두들겨 보았으나 안전했다. 노벨은 뛸 듯이 기뻐하였다.

"모래에 니트로글리세린을 흡수시키면 쉽게 폭발하지 않는다."

이 세심한 관찰로 얻어진 결론 하나가 노벨의 대발명인 다이너마이트의 시초가 된 것이었다. 그 후 노벨은 연구를 거듭하여 규조토라는 흡수성이 강한 흙에 니트로글리세린을 흡수시켜 만든 다이너마이트를 팔아서 당대 세계 최고의 부자가 되었고, 여기에서 얻어진 부를 바탕으로 노벨상까지 만들게 되었다.

노벨과 같은 세심한 관찰력, 바로 이것이야말로 창조를 이끌어내는 가장 기본적인 사고방식일 것이다.

3) 고정관념을 버리자

고정관념은 사고가 굳어져 변화를 거부한다는 뜻을 말한다. 즉 변화를 수용하지 않으려는 관성의 법칙을 내포하고 있다는 뜻이다.

사람은 성공과 실패라는 운명을 뒤바꿀 수 있는 방법은 긍정적이고 성공적인 습관을 만드는 것이라고 한다.

창조적 사고 또한 고정관념을 탈피한, 건설적이면서 파괴적인 생각이다. '그릇은 땅에 떨어지면 반드시 깨진다.'는 통념을 깨뜨린 것이 플라스틱 그릇이다. 이렇듯 사람들의 보편적인 의식이나 고정관념을 과감히 깨뜨림으로써 창조는 탄생되는 것이다.

"습관이 만들어질 때는 눈에 안 보이는 실과 같지만 그 행동을 반복할 때마다 그 끈이 차츰 강화되고, 거기에 또 한 가닥이 더해지면 마침내 튼튼한 밧줄이 되어, 우리의 사고와 행동을 돌이킬 수 없게 만든다.”

이 말은 샌프란시스코에 있는 캘리포니아 대학의 마이클 머즈니크 교수가 우리가 습관적인 행동에 빠져들수록 그 패턴은 더욱 강화된다는 것을 과학적으로 입증시켰다. 그는 원숭이의 손가락에 어떤 것을 접촉시키면 원숭이 뇌의 특정 부위가 활성화된다는 것을 알아냈다.

즉, 원숭이에게 먹이를 줄 때 특정 부위만으로 훈련시켰더니 그 원숭이는 습관적으로 특정 부위만으로 행동하는 고정관념이라는 습관이 자리 잡아 가고 있었다.

이렇듯 모든 발명과 창조적 생각은 고정관념이라는 보편적 사고가 아닌 변화를 통해 무엇인가를 창조해 나가려는 사고의 습관이 갖추어져야만 탄생된다.

고정관념의 벽을 허물자! 그 벽의 너머에 ‘창조’라는 달콤한 과실이 기다리고 있을 것이다.

4) 아이디어가 떠오르면 즉시 기록하라

대부분 저명한 인사나 유명한 과학자, 발명가, 컨설턴트 등의 공통점은 한결같이 메모광이라는 사실이다. 아무리 머리가 좋고 기억력이 탁월하다고 하더라도 그 수많은 일들을 모두 기억해 내기란 쉽지 않은 일이기 때문이다.

망각증세를 가진 인간에게 있어서 필수품은 무엇이겠는가! 바로 그때그때 기억에서 잃어버리지 않도록 도와주는 필기도구일 것이다. 이러한 필기도구를 유용하게 활용해 메모하는 습관을 생활화하는 것만이 아이디어를 아이디어로 끝내는 것이 아니라 나의 것으로 완전히 흡수할 수 있을 것이다. 링컨은 모자 속에 필기도구를 넣어 두고

언제든지 아이디어가 떠오르면 즉시 기록했다고 한다. 링컨의 모자
야말로 움직이는 사무실이었던 것이다.

　일상생활을 통해 문득문득 아이디어가 떠오른다면 즉시 적어 두는
습관을 가지도록 하자. 그것이 차츰차츰 쌓이다 보면 아주 유용한
아이디어 뱅크가 될 것이기 때문이다.

5) 이왕이면 돈이 되는 아이디어를 창출시키라

　'다홍지마'라는 말도 있지 않던가! 이왕 창조를 통해 무엇인가 이
끌어내려 한다면 영리를 추구할 수 있는 아이템으로 승화시키기 바
란다.

　창조란 어렵다고 느낄 수도 있겠지만 한편으론 단순하다. 기존의
제품이나 생각을 조금만 달리 생각한다면 새로운 아이템들이 수두룩
쏟아져 내리기 때문이다. 물론 고도의 전문지식을 갖춘 전문가들이
요구하는 것도 있다는 것 또한 사실이다. 하지만 자신이 하고자 하
는 분야에서 조금만 생각을 바꿔 기존의 있는 것을 변화하여 성공시
킨 분들이 많다는 것 명심하길 바란다. 지우개 달린 연필, 커터칼
등 모두 간단한 원리를 이용해 상당한 부를 축적한 용품들이었다.
즉, 돈으로 승화시킨 창조이며 발명인 것이었다.

6) 아이디어가 정리됐다면 정보에 민감해지라

　아이디어가 나름대로 정리되었다면 아이디어를 사업으로 연결시키
기 위해서는 즉시 선행 특허정보에 관심을 가져야 한다. 특허정보란
이미 다른 사람들이 각 국가의 특허청에 출원한 특허정보들을 쉽게
관람할 수 있도록 한 제도이다.

이러한 선행 특허정보를 확인해야 하는 까닭은 무엇인가?

첫째, 내가 생각해 낸 아이디어와 유사한 발명이 이미 특허로 출원되었는지의 여부를 확인하기 위해서다. 내가 생각해 낸 아이디어를 사업적으로 연결시키려고 노력했는데 이미 누군가에 의해 먼저 특허 출원되었다면 기운이 쭉 빠지지 않겠는가! 그동안의 모든 노력과 투자가 헛수고가 되고 말 것이다.

만약 충분한 선행조사를 하지 않고 자신이 개발한 발명을 상품화했을 경우 기존에 누군가가 특허를 받아 놓았다면 엄청난 대가를 치러야 할지도 모른다. 나아가 특허분쟁으로까지 나가 개인의 파탄은 물론 자신이 소속한 회사의 운명마저 뒤바뀔 수 있는 위치까지 갈 것이다.

둘째, 선행 특허정보를 조사해야 하는 이유는 다른 사람이 출원한 발명 아이디어를 통해 자신의 아이디어를 비교분석해 나갈 수 있는 멘토의 역할을 할 수 있는 자료를 제공해 주기 때문이다.

이처럼 특허에 관한 한 아이디어 개발이나 연구개발 착수 전, 도중 또는 완료 이후라도 특허출원 이전에 반드시 국내외의 출원한 관련 기술에 대한 선행 특허나 비슷한 기술이 있는지를 면밀히 조사해야 한다는 것을 절대 명심해야 할 것이다. 그것만이 훗날 특허분쟁이라는 정신적, 육체적 고통으로부터 미연에 방지할 수 있기 때문이다.

7) 아이디어를 가지고 특허청으로 가자

아이디어가 구체화되었다면 이 아이디어가 산업재산권 중 어느 분야로 출원시키느냐에 따라 용도가 달라질 수 있으므로 심사숙고해 출원하길 바란다.

산업재산권은 크게 특허, 실용신안, 의장, 상표로 나누어진다. 그러면 산업재산권에 대하여 보다 상세히 알아보도록 하겠다.

① 특 허

자연법칙을 이용하여 창작한 새롭고 수준 높은 발명으로서, 대발명이라고도 한다. 특허를 받으면 타인이 부당하게 사용하거나 침해하지 못하도록 법으로 보호해 주는 독점적인 권리를 가진다. 보호기간은 출원일로부터 20년이다.

② 실용신안

특허보다 낮은 개량발명으로서, 자연법칙을 이용하여 창작한 새로운 발명 중에서 특허의 대상까지는 되지 못하는 작은 발명으로서, 소발명이라고도 한다. 특허권과 마찬가지로 실용신안을 가진 사람만이 그 권리를 행사할 수 있으며, 보호 기간은 출원일로부터 10년이다.

③ 의 장

물품의 외관에 나타난 형상이나 모양, 색채 또는 이의 결합을 통해 육안으로 보아 아름답다고 느낄 수 있는 다자인으로서 공업상 이용할 수 있는 정도라고 인정받은 경우에 주어진다. 특허나 실용신안처럼 반드시 자연법칙을 이용할 필요는 없으며, 등록일로부터 15년간 보호된다.

④ 상 표

상품의 출처를 표시해 주고 자신의 상품을 다른 상품과 구별하기 위해서 사용하는 기호, 문자, 도형, 색채 또는 이들의 결합을 말한다. 상표권은 상표를 등록받아 자신의 등록상품에 사용할 수 있도록 보호해 주는 권리로서 등록일로부터 10년간 보호되며, 10년마다 갱신할 수 있는 반영구적인 권리이다.

산업재산권을 표로 정리하면 다음과 같다.

구 분	보호대상	권리보호기간	태권도 예
특허	발명: 기술의 창작으로서 고도한 것	출원일로부터 20년	태권도를 이용해 한자학습 접목시킴
실용신안	고안: 기술적 창작으로 고도한 것	출원일로부터 10년	도복의 띠를 여러 용도로 고안
의장	디자인: 물품의 외관에 나타난 형상, 색채 등으로 미감을 일으키는 것	등록일로부터 15년	신발에 만보기를 장착한 태권도화
상표	상품의 표지: 상품에 사용하는 기호, 문자, 도형, 색채(이름이나 마크)	등록일로부터 10년 (반영구적)	태권다이어트 이름 및 마크

8) 특허출원 시에도 조건이 있다

특허를 출원할 시 4가지 조건을 충족하여야만 특허를 획득할 수 있는 확률이 점점 가까워질 수 있다. 무턱대고 새로운 아이디어가 떠오른다고 해서 "이것은 특허를 받을 수 있겠지!" 하고 생각할 수도 있겠지만 아무리 기발하고 새롭다고 해서 모두 특허로 이어지지 않는다는 사실을 명심하길 바란다.

특허청으로부터 특허(실용신안)로서 인정받기 위해서는 4가지 조건이 충족되어야 되는데 이것은 다음과 같다.

① 자연법칙을 이용한 것이어야 한다

이것은 여러 가지 의미를 내포하고 있는 함축적인 표현이다. 여기에서 말하는 '자연법칙'이란 '통나무는 물에 뜬다.'든가 '돌은 물속에서 가라앉는다.' 등 법칙을 말한다. 그리고 '자연법칙을 이용한 것'이란 역설적으로 단순한 발견이나 자연법칙에 위배되는 발명은 특허로 인정받을 수 없다는 뜻으로 해석할 수 있겠다.

예를 들어 사람이 만든 규칙인 계산방법, 금융방법, 암호작성방법 등은 자연법칙을 이용한 것이 아니므로 발명이라고 할 수 없겠다.

② 산업상 이용가능성이 있어야 한다

이것은 공업, 광업, 농업, 수산업 등 각종 산업에서 실제 활용할 수 있거나 장차 이용될 가능성이 있다는 것을 내포하고 있다는 것을 의미한다. 다시 말해 산업상 이용가능성이 없는 발명은 특허로 인정받을 수 없다는 뜻이기도 하다.

여기서 산업상 이용할 수 없는 발명이란 학술적 실험적으로만 이용할 수 있거나 금융업, 보험업 그리고 의료업 중 질병의 진단방법이나 치료방법의 발명 등을 말할 수 있겠다.

예를 들어 새로운 암 치료방법, 뇌수술 방법 등의 기술은 특허를 받을 수 없다. 그 이유는 의료업은 산업이 아니라고 볼 수 있기 때문이다. 하지만 치료나 진단에 사용하는 기계 자체는 다른 산업과 마찬가지로 특허로 인정받을 수 있겠다.

③ 신규성이 있어야 한다

이것은 사회 전반에 알려지지 않은 새로운 발명이어야 한다는 것을 내포하고 있다. 즉 세상에 없는 새로운 것을 출원시켜야만 특허로 인정받을 수 있다는 뜻이기도 하다.

예를 들어 필자가 특허출원해서 특허로 획득한 태권한자에 대해 설명하겠다. 태권도를 한자에 접목시켰다는 것 또한 운동 활용뿐 아니라 학습도 이루어진다는 것이 특허로까지 연결될 수 있었던 것이었다.

④ 진보성이 있어야 한다

진보성이 있다는 것은 그 발명기술이 해당 기술 분야에서 통상의 지식을 가진 사람이 종래의 기술로는 용이하게 발명할 수 없는 것을 말한다. 여기에서 통상의 지식을 가진 사람이란 해당 분야에서 보통 정도의 기술적 지식을 가진 자를 말한다.

실제로 특허출원한 것 중에서 특허로까지 등록되지 못하는 것 즉, 심사결과 불합격 판정을 가장 많이 받는 이유가 바로 진보성이 없기 때문이다.

실제 특허심사분들도 심사 시 가장 애매한 부분이라고 말한다. 그래서 똑같은 발명이라도 어느 심사분이냐에 따라 등록 혹은 거절로 이어질 수 있다. 그 이유는 명확하게 판단을 내릴 수 없는 주관적인 관점이 많이 내포되어 있기 때문이다.

9) 특허출원서 작성

출원서(특허) 기본 서식

방식심사관	담 당	심사관

[서류명]
[권리구분]
[수신처]
[제출일자]
[발명의 국문명칭]
[발명의 영문명칭]

[출원인]
[성명]
[출원인코드]

[발명자]
[성명]
[주민등록번호]
[출원인코드]
[심사청구]
[수수료]
[기본출원료]
[가산출원료]
[우선권주장료]
[심사청구료]
[첨부서류] 1. 요약서 · 명세서(도면) 1통

특허출원서 작성

출원서(특허) 작성 견본

방식심사관	담 당	심사관

[서류명] 특허출원서
[권리구분] 특허
[수신처] 특허청장
[제출일자] 2003.10.20
[발명의 국문명칭] 태권도를 이용한 한자 학습교재 및 학습방법
[발명의 영문명칭] Chinese Characters teaching guide and method for take
            tae-kwondo
[출원인]
[성 명] 최원교
[출원인코드] 4-2003-035574-6

[발명자]
[성 명] 최원교
[주민등록번호] 760620-1******
[출원인코드] 4-2003-035574-6
[심사청구] 청구
[수수료]
[기본출원료] 20면   29,000원
[가산출원료] 13면   13,000원
[우선권주장료] 0권   0원
[심사청구료]   4항   237,000원
[첨부서류] 1. 요약서·명세서(도면) 1통

10) 실용신안 등록현황

도복용 띠

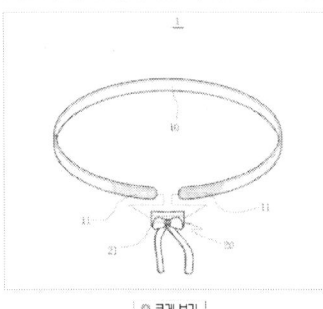

IPC코드	**A44B 11/00 (2006.01)**
출원번호	20-2006-0011195 (2006.04.26)
공개번호	-
공고번호	-　　　(2006.07.05)
등록번호	20-0420747-0000 (2006.06.28)　▶ 등록사항
원출원번호	-
우선권주장번호	-
진행상태	KIPRIS 서지 보기

◎ 크게 보기

● 발명의 명칭	**도복용 띠** (Belt for a suit for military arts)
● 출원인	최원교 (대한민국)
● 발명자 / 고안자	최원교 (대한민국)
● 초　록	본 고안은 태권도 등과 같이 운동경기를 행함에 있어, 상, 하의 도복을 착용하고, 허리에 띠를 묶어 착용하거나 푸는 과정에서 발생되는 번거로움과 불편함을 해소하여 누구라도 쉽고 간편하며 신속하게 도복용 띠를 착용할 수 있으며, 사용자의 숙련도 즉, 등급에 따라 띠의 색상이 지정되어 있는바, 사용자의 등급이 한 단계씩 상승하여 띠의 색상이 바뀌는 경우에도 띠 전체를 교체하지 않고서도 용이하게 등급에 알맞게 띠 색상을 부여할 수 있도록 한 것이다. 본 고안은 태권도 등의 운동을 위해 도복을 착용함에 있어, 신체의 허리 부위를 감싸도록 착용되는 것으로 소정 폭과 길이를 갖도록 구성된 띠에 있어서, 띠를 밴드부와 버클부로 구성하되, 상기 밴드부의 양쪽 단부 내, 외측면에는 소정 범위에 걸쳐 부착부재를 재봉하여

• 초 록	구성하고, 상기 버클부에는 전면에 리본형태의 매듭을 부착하여 매듭부를 형성하여, 양측면이 개방되어 내부에 중공부가 형성되고 내면에는 결합체가 형성되게 구성된 것이다.
• 대표청구항	태권도 등의 운동을 위해 도복을 착용함에 있어, 신체의 허리 부위를 감싸도록 착용되는 것으로 소정폭과 길이를 구성된 띠에 있어서, 띠를 밴드부와 버클부로 구성하되, 상기 밴드부의 양쪽단부 내, 외측면에는 소정범위에 걸쳐 부착부재를 재봉하여 구성하고, 상기 버클부에는 전면에 리본형태의 매듭을 부착하여 매듭부를 형성하며, 양측면이 개방되어 내부에 중공부가 형성되고 내면에는 결합체가 형성되게 구성된 것을 특징으로 하는 도복용 띠.
• 청구항수	3개 ▶청구항전체보기
• 관련색인어	태권도, 도복, 띠, 밴드부, 버클부, 매듭부

11) 특허 등록현황

결과보기

▶ 발명의 명칭	태권도를 이용한 한자 학습교재(Chinese characters teaching guide for take Tae-kwondo)		
▶ 출원번호	1020030073034	▶ 출원일자	20031020
▶ 공개번호	1020050037768	▶ 공개일자	20050425
▶ 공고번호		▶ 공고일자	20060608
▶ 등록번호	1005868170000	▶ 등록일자	20060529
▶ IPC분류	G09B 19 / 08		
▶ 심사예정일		▶ 심사청구일자(항수)	20031020(3)
▶ 출원인	최원교	▶ 대리인	

행정처리현황

112003038970688	특허출원서	20031020	수리
952005034836296	의견제출통지서	20050722	발송처리완료
112005052513881	의견서	20050921	수리
112005052515175	명세서등보정서	20050921	수리
952006003131921	의견제출통지서	20060120	발송처리완료
112006019258443	의견서	20060320	수리
112006019260716	명세서등보정서	20060320	수리
112006035210270	대리인해임신고서	20060519	수리
952006030482920	등록결정서	20060526	발송처리완료

12) 특허를 제대로 관리하라

특허를 받음으로써 생기는 이점 가운데 하나가 경제적인 측면을 생각하지 않을 수 없다. 특허를 획득하기까지 시간적 정신적 경제적으로 많은 시간을 투자하지 않았는가? 노력한 결과를 보상받아야 하지 않겠는가? 만약 발명특허라는 증서를 통해 만족한다면 다행이지만 세상에는 공짜가 없다는 사실을 잊어서는 안 된다. 가령 특허청으로부터 등록결정서라는 결정이 내리는 순간 매년 출원료 및 등록료(특허료 또는 연차료)를 납부해야 한다. 20년간 무소불위의 특허권을 당당하게 행사하기 위해서는 체납 없이 납부해야 한다는 것이다.

만약 특허료를 제때 납부하지 않았을 때는 권리가 소멸된다는 것이다. 특허권의 존속기간 중이라도 매년 납부해야 하는 특허료(연차료)의 납부를 중단하면 권리의 존속기간은 납부한 연도까지로 마감되며 특허권은 사라진다. 납부 기간이 지난 경우에는 늦어도 6개월 이내에 납부해야 하며, 이때에는 원 특허료의 2배를 납부해야 한다는 것이다.

  필자도 작년 겨울에 실용신안 납부료가 체납되어 2배의 연차료를 납부한 기억이 있다. 따라서 납부 기간을 잊어버릴 염려가 있는 사람이라면 한꺼번에 몇 년도 분을 납부하는 것도 가능하므로 체납 없이 생활하고자 하는 사람이라면 한번 생각해 볼 만하다.

전자문서(On-Line, FD)로 출원할 경우(시행일: 2004. 4. 1)

수수료 / 권리유형		특 허	실용신안	의장 (심사)	상 표
출원료	전자출원	38,000원	17,000원	60,000원	56,000원
	서면출원	38,000원	17,000원	70,000원	66,000원
심사청구료		109,000원 (청구항 1항마다 32,000원 추가)	86,000원 (청구항 1항마다 14,000원 추가)	해당 없음	해당 없음
우선권주장 신청료		우선권 주장마다 20,000원			1상품류 구분마다 20,000원
우선심사 청구료		135,000원 (청구항 1항마다 32,000원 추가)	해당 없음	70,000원	해당 없음
등록세 기본료	1-3년	27000원/년	20,000원/년	25,000원/년	설정등록료 1상품류 구분마다 211,000원
	4-6년	60,000원/년	40,000원/년	35,000원/년	
	7-9년	120,000원/년	80,000원/년	70,000원/년	
	10-12년	240,000원/년	160,000원/년	140,000원/년	존속기간 갱신등록료: 1상품류 구분마다 256,000원
	13-15년	480,000원/년	320,000원/년	280,000원/년	
	16-18년	960,000원/년			
	19-21년	1,920,000/년			
	22-25년	3,840,000/년			

13) 특허를 이익으로 창출시키라

① 사장님이 되자

특허를 하나라도 가지고 있다면 자신이 하고자 하는 사업아이템에 자신감을 가질 수 있을 것이다.

자신의 특허를 이용하여 과감하게 사업을 진행할 수 있겠지만 항상 사업이란 충분한 시장조사를 실시해야 한다는 사실을 잊어서는 안 된다. 자신이 사업수완이 좋고 사업능력이 탁월한 사람이라면 엔진에 터보를 장착한 것이나 다름없다.

그러나 사업에 적성이 맞지 않는 사람이라면 숨어서 기다리길 바란다. 즉, 모방상품이 나도는지 여부를 수시로 감시하고, 만약 모방상품이 나돌게 되면 그에 대한 로열티를 청구할 수 있을 것이다.

한 예로 프레드 워쇼프스키(Fred Warshofsky)가 쓴 『The Patent Wars』(특허분쟁)을 보면, 1992년에 미국 반도체칩 제조회사인 TI(Texas Lnstrument Co.) 사는 자사의 특허에 대한 로열티만으로 벌어들인 돈이 3억 9,000만 달러(약 5,000억 원)에 이르렀다고 한다. 그 로열티의 고객명단에는 도시바, 미쓰비시, NEC 등 일본의 대기업들이 줄줄이 끼어 있었으며, 우리나라의 현대전자와 삼성전자도 TI사 측의 특허소송에 수개월 동안이나 버티다가 끝내 모방을 인정했다고 한다.

② 임대계약을 하라

시중에 나와 있는 '메이폴스토리'라는 만화책 뒷면을 보면 '○○사와 캐릭터를 독점계약을 체결하였다.'라는 문구가 쓰여 있을 것이다.

일명 다른 사람에게 사용하게(라이센스)하여 사용료(실시료)를 받는 것이다. 얼마의 실시료를 받는 것인가에 대한 정확한 기준은 없다. 특허권자와 실시권자와의 협상능력에 따라 %(퍼센트)비율이 정해질 따름이다.

실시권자는 계약으로 정한 범위(지역, 실시의 종류, 계약 기간 등)에 대하여 특허발명을 독점 실시할 수 있는 권리인데 이것을 전용실시권이라 한다. 이 범위 내에서는 특허권자라 할지라도 실시권자의 동의 없이는 함부로 행사할 수 없다는 것 명심하길 바란다.

③ 팔아버리라

만약 가지고 있는 특허(실용신안 포함)를 활용하지 않는다면 부동산처럼 다른 사람에게 팔아 버리는 것이 속 시원할 수 있다. 활용하지는 않는데 매년 연차료를 납부해야 한다고 생각해 봐라! 자신의 통장에서 소리 없이 돈이 빠져 나간다고 생각해 봐라! 억울하지 않겠는가?

타인과 실시계약을 맺는 것보다, 파는 편이 나을 것으로 판단된다면 과감히 팔아 버리는 것이 좋다. 아무리 귀중한 것이라도 내가 가지고 있어 활용 못 하는 것보다 다른 사람을 통해 빛을 보게 된다면 그건 발명자의 영광이요 현명한 자세가 아닐까 생각한다.

제4장

주 말 경 영

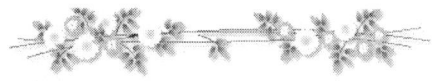

주말도 경영하자

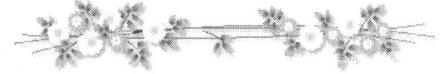

'주말도 경영하자!'는 필자의 주장에 대해 반론하는 사람도 있을 것이고 동의하는 사람도 있을 것이다. 반론하는 사람들은 이렇게 주장할 것이다. '주말이란 모름지기 푹 쉬는 게 최고야. 주 중에 못 다한 휴면을 잠으로 해결하는 방법이 최고 아니겠어!' 하고 말이다.

자신이 무얼 해야 하는지도 모른 채 하루하루를 그저 다람쥐 쳇바퀴 돌듯 주말을 보내며 살아가는 사람들은 의외로 우리 주위에 많이 있다.

물론 주말을 이용해 적당한 휴면을 취하는 것은 건강을 위해서라도 중요하다. 또한 다음 주를 위해 에너지를 충전시켜야 한다는 것도 인정한다. 효율적인 휴면을 통해 생활의 활력소를 얻을 수 있다면 주 중에도 활기찬 생활을 유지할 것이므로 이러한 주말 휴면 패턴방식은 지향해야 한다고 생각된다.

하지만 우리 주위를 둘러보면 이러한 생활 패턴방식과는 어긋난 방향으로 생활하는 사람들이 의외로 많다는 것을 볼 수 있을 것이다. 대개 주말 내내 꼼짝도 하지 않고 집 안에만 틀어박혀 잠만 자거나 하루 종일 무의미하게 텔레비전과 컴퓨터 앞에서 수동적인 생활로 하루를 보낸다는 것이다. 이렇듯 주말을 비효율적으로 보내면 생활 리듬이 깨져서 주말뿐 아니라 월요일 또는 다음 날까지 악영향을 미칠 수 있다.

아무런 목적과 생각 없이 살아간다는 것처럼 위험한 것은 없다. 반대로 황금 같은 주말을 알차게 효율적이고 구체적으로 잘 활용하 겠다는 시각으로 접근해 나간다면 세상을 바라보는 눈은 분명 달라 질 것이다.

하루는 24시간, 일주일이면 168시간이다. 주말은 48시간으로 일주 일에 30%가 주말이라는 시간으로 배분되어 이루어져 있다는 사실을 기억하길 바란다.

거의 3분의 1에 가까운 시간을 차지하고 있는 주말을 효율적으로 활용한다면 지금보다 나은 풍요로운 생활을 보내지 않을까……

주말 경영으로 미래에 대비하자

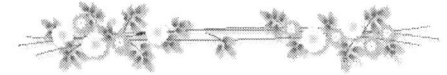

방송인이자 서울과학종합대학원 부총장인 윤은기 박사가 있다. 그는 삼성물산에서 근무하다가 그만둔 뒤, 당시만 해도 낯선 정보 컨설턴트를 창업해 활동했다. 그 같은 한발 앞선 선택과 미래에 대한 안목을 바탕으로 지금까지 행복한 50대를 보내고 있다. 세월이 흐를수록 더욱 바쁜 생활을 보내고 있다. 반면에 직장에서 잘나가던 그의 친구들은 현역에서 은퇴해 쓸쓸한 신세가 되어 가고 외로운 생활을 보내고 있다.

그가 만약 삼성물산에 그대로 눌러앉아 있었다면 오늘의 윤은기는 없었을 것이다. 그는 삼성이라는 대기업이 주는 아늑함과 편안함에 안주하지 않고 미래를 위해 준비했던 것이다.

50대가 되면 노후가 불안해지는 것은 사실이다. 지금은 50대가 아닌 20대부터 벌써 노후를 진지하게 생각하는 이들이 많아지고 있다. 요즘은 40대에도 은퇴를 해야 하는 시대로 접어들어 가고 있는 추세이다. 그러면 가족을 부양해야 하는 가장이나 생계를 책임져야 하는 이들은 많은 스트레스를 받을 것이다. 그렇다면 앞으로도 고민하는 생활을 계속할 것인가? 요즘과 같이 급변하는 사회에서는 생각보다 행동이 앞서야 스트레스와 번뇌로부터 자유로워질 수 있다. 그 행동이란 앞으로 직장을 나와서도 먹고살아 갈 수 있는 준비를 철저히 하자는 것이다. 즉, 유비무환(有備無患) 정신으로 미래를 준비하자는 것이다. '준비를 철저히 하고 있으면 무엇이든지 걱정할 필요가 없다.'는 정신이 앞으로 미래를 준비하는 데만큼 확실한 무기가 없다는 것을 기억하길 바란다.

'경영학의 아버지'라 할 수 있는 피터 드러커도 미래를 준비하는 자의 삶과 그렇지 않은 자의 삶은 미래가 극명하게 대비될 것이라고 말했다. 그는 이미 한 직종에서 20여 년간 계속 일해 온 사람이라면, 설령 은퇴하지 않고 머물러 있다고 하더라도 이미 정신적으로는 은퇴해 있을 위험성이 높다는 것을 지적하고 있다.

"사람들은 해가 가면 똑같이 늙는 것이 아니다. 어떤 사람은 65세가 되어도 35세밖에 안 된 젊은이보다 더 혈기왕성하다. 사람들은 동일한 방식으로 늙지도 않는다. 몇 년 동안 일을 잘해 오다가 더 이상은 정력적으로 일할 수 없게 된 사람도 판단력은 손상되지 않을 수 있다. 그리고 20년 전보다도 오히려 더 우수한 의사결정자가 되는 경우도 있다. 그리고 컨설턴트는, 특히 지식이 있으면서도 겸손한 컨설턴트는 나이가 충분히 들어 세상일에 초연해질 때 대체로 최고의 역량을 발휘한다.

그러나 무엇보다도, 대부분의 지식근로자에게 있어 65세는 첫 번째 직업에서 물러나기에는 너무 늦은 나이이다. 그들은 그보다 20년 전부터 사실은 '업무에서 은퇴하고 있다.' 그리고 그다음 그들은 단지 연금이나 타려고 세월만 보내고 있다. 또한 윗사람과 아랫사람 둘 다에게 훼방을 놓고 좌절감을 맛보게 한다. 궁극적으로 그들 자신도 좌절하고 만다."

미래의 불안과 걱정으로부터 벗어나고 싶다면, 가족의 장래까지 생각하고 있다면, 다가올 자녀의 교육비나 편안한 노후를 준비하고 싶은 욕망이 있다면 주말을 효율적이고 계획적으로 보내겠다고 다짐해 보자. 지금처럼 자신의 상황에 맞게 알차게 미래를 준비하며 보내고 있다면 걱정하지 않지만 무의미하게 인생의 3분의 1을 차지하고 있는 주말을 허송세월 보내고 있다면 자기 자신을 되돌아볼 수 있는 사색의 시간을 가지길 바란다.

세상에는 두 부류의 사람들이 있다고 한다. 하나는 세월을 자산으로 만드는 사람이고, 다른 하나는 세월을 부채로 만드는 사람이다. 세월은 흐르면서 저절로 자신의 것으로 만들어지지 않는다는 것을 명심하기 바란다.

주말 경영을 통해 자기 자신을 더욱 발전시킬 수 있는 시간이 되길 바란다. 주말 경영을 통해 자신의 삶이 변화되어 가고 있다는 것을 느껴 보길 바란다. 주말 경영을 통해 '나의 미래가 더욱 희망적으로 다가올 것이다.'라는 것을 생각하길 바란다. 주말 경영은 우리의 미래를 결코 걱정과 불안이 아닌 희망과 기쁨이라는 것으로 바꾸게 만들어 줄 것이다.

'인생 2막, 혹은 인생 3막'을 주도적이고 능동적으로 생활하고자 하는 긍정의 에너지와 활력을 만끽하고 싶다면 지금부터 주말 경영을 계획적으로 설계해 당장 실천해 보길 바란다. 놀라운 변화가 당신 앞으로 다가오고 있다는 것을 피부로 느낄 것이다.

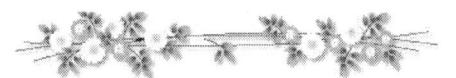

잘못된 주말 경영은 건강을 망친다

사람은 생체 리듬이라는 사이클의 주기를 가지고 생활하고 있다. 주중에 규칙적인 생활을 하다가 주말에 늦잠을 자며 불규칙한 생활이 이루어진다면 우리의 생체 리듬은 혼란에 빠지게 되며 몸 상태는 안 좋은 방향으로 진행될 것이다.

평소에는 빈틈없이 자기관리를 똑 소리 나게 잘하던 사람도 주말에 자기 조절에 실패해 월요일에 고생으로 이어지는 이들이 많다.

높은 업무 강도로 인한 피로감, 무기력한 생활로 인해 몸과 마음이 피폐해지는 경우가 있다. 이것을 일명 명절증후군, 월요병과 같이 일종의 강박증이라 할 수 있는 '주말증후군'이다.

문제는 이러한 '주말증후군'이 월요일에 그대로 이어져 업무에 지장을 초래한다는 사실이다. 무기력한 생활은 곧 생산성 저하 및 능동적이 아닌 수동적인 자세로 업무에 임하는 사람으로 만들 것이다.

'주말증후군'이 생기는 원인은 각종 스트레스, 생체 리듬 파괴, 무기력증, 운동부족, 과음, 과식 등 다양하다.

지금부터 '주말증후군'을 일으키게 하는 요소들을 분석해 보도록 하겠다.

| 주말과음

금요일만 되면 각종 모임이 기다리고 있다. 여기저기서 한잔하자는 전화가 걸려올 것이다. 주말은 업무에 지장을 받지 않는다는 마음이 뇌리 속에 각인되어 술의 유혹에 빠져들 것이다.

적당한 음주는 혈액순환 개선에 도움을 준다. 문제는 적당함이 아닌 과음으로 이어진다는 사실이다. 술은 알코올 1g당 7㎉의 열량을 내는 고열량 음식이다. 열량이 높은 음식들을 섭취하게 되면 결국 비만으로 이어져 건강을 위협하게 만들 것이다. 열량과 비만은 비례한다는 사실을 잊지 말기 바란다.

지나친 음주는 심장 근육의 손상을 초래해 '심근경색증'이라는 병을 유발한다. 심근경색증이란 심장에 혈액을 공급하는 관상동맥이 막히게 되는 것으로, 만약 관상동맥이 완전히 막히게 되면 혈액순환이 단절되어 갑자기 죽게 되는 무서운 병이다.

■ 심근경색증이란
심장에 혈액을 공급하는 관상동맥이 막히게 되는 것을 말한다.

■ 뇌졸중이란
산소 공급을 받는 뇌혈관이 차단되거나 터지게 됨으로써 발생되는 병으로 일반적으로 중풍이라고도 말한다.
혈압조절이 제대로 되지 않아 혈관이 터지는 것으로 비만, 염분 과다섭취, 스트레스와 운동부족으로 이어져 갑작스런 반신불수나 의식상실 등을 일으키게 만든다.

■ 동맥경화증이란
혈관 벽에 지방질이 쌓여서 혈관 벽이 점점 두꺼워지고 피가 흐르는 직경이 점점 좁아지는 상태를 말한다. 그 직경이 0.03㎜ 정도의 머리카락같이 가는 혈관이기 때문에 혈관 벽에 지방질이 약간만 쌓여도 피가 흐르는 구멍이 막히게 된다.

고혈압, 과음, 운동부족, 당뇨병, 스트레스 등이 동맥경화증의 주원인이다.

| 주말과식

주 중에 업무에 시달리다 보면 주말만큼 편안한 안식처를 제공해 주는 곳만큼 안락한 곳은 없을 것이다. 편안히 텔레비전이나 컴퓨터 앞에서 시간을 보내는 즐거움을 만끽하고 싶어 할 것이다. 문제는 비활동적인 상태에서 계속해서 음식을 섭취하다 보면 먹은 음식들은 에너지로 쓰이지 않고 지방으로 축적되어 간다는 사실이다.

즉, 계속된 고열량의 습관적 야식 및 음식 섭취는 곧 잉여 포도당 증가를 초래하게 만든다. 혈 중에 포도당이 많아지면 필요 이상의 일을 하지 않는 인슐린 저항성 증가로 인해 잉여 포도당은 피하지방으로 저장되게 될 것이다.

결국 우리나라의 국민병이라 말하는 '당뇨병'으로까지 이어지게 만드는 원인을 제공한다는 사실이다.

■ 당뇨병이란

인슐린 작용 부족으로 생기는 당대사 질환으로서 고혈당이 되어 소변으로 배설되는 질병이다. 혈당 조절과정에서 혈액 속의 당분을 세포 안으로 들여보내는 역할을 하는 것이 췌장에서 분비되는 인슐린이라는 호르몬이고 세포 안에 저장된 당원이나 지방을 세포 밖으로 끄집어내는 역할을 하는 것이 췌장에서 분비되는 글루카곤이라는 호르몬이다.

췌장이 인슐린의 분비기능을 제대로 하지 못하여 인슐린 분비가 부족해지거나 인슐린이 정상적으로 분비되더라도 인슐린이 혈액 속의 당분을 세포 밖으로 밀어 내는 역할을 제대로 발휘하지 못하면 혈액 속의 당분은 그대로 남게 된다.

다시 말해 췌장에서 인슐린을 제대로 만들어 내지 못하거나 만들어진 인슐린이 제 기능을 다하지 못했을 때 생기는 병이다.

| 주말 과도한 컴퓨터 사용

주말 오전부터 밤늦게까지 게임이나, 인터넷 서핑에 몰입했던 경험들을 가지고 있을 것이다. 아니 지금도 밤늦게까지 인터넷 온라인 게임에 온 신경을 몰입하고 있을지도 모른다.

과도한 컴퓨터 게임은 각종 질병을 유발한다. 특히 어깨 결림이나 목 디스크 및 두통을 유발하게 만든다.

필자도 컴퓨터 장시간 사용으로 인해 각종 질병에 시달린 경험을 가지고 있다. 한두 시간 사용 후 스트레칭이나 휴식을 취한 후 다시 업무를 진행해야 하는 상식을 알고 있으면서도 실천하지 못한 결과로 인해 생긴 병이었던 것이다.

이렇듯 장시간 컴퓨터를 사용하게 되면 만성피로와 어깨 결림, 목 디스크 등으로 인해 생기는 신체기능장애인 'VDT증후군'에 걸릴 수 있는 확률이 상당히 높다. 이 질환은 컴퓨터에서 발생하는 전자파와 미세한 X선의 방출 때문에 발생한다고 한다. 한 연구 결과에 따르면 하루에 5시간 이상씩 컴퓨터 모니터를 보며 일하는 사람들은 만성피로와 수면장애를 호소하게 된다고 말한다.

또한 과도한 컴퓨터 사용은 VDT증후군의 일종인 '경견완장애'를 유발한다. 이것은 컴퓨터를 장시간 사용하여 오랫동안 키보드를 두드리는 사람에게서 나타나는 증상으로 손목과 팔, 어깨 등의 통증을 호소하게 만드는 질환이다.

컴퓨터 작업을 오랫동안 하다보면 목이 뻐근함과 함께 허리에도 통증을 경험했던 기억들이 있을 것이다. 또한 눈의 피로감도 경험했을 것이고 움직임 없이 나쁜 자세로 장시간 있다 보면 위가 더부룩하고 소화불량이라는 위장질환들도 경험했었을 것이다.

필자도 보통 컴퓨터에 앉아 일에 집중하다 보면 어느새 몇 시간은 훌쩍 지나간다. 그 결과 어깨와 목의 통증 및 위장질환을 경험을 했다.

하지만 이러한 컴퓨터로 인해 유발된 각종 질병들은 조금만 신경을 쓰고 실천한다면 금방 치료될 수 있는 질환들이다.

컴퓨터를 장시간 사용하기보다는 한두 시간씩 시간을 정해 주고 휴식을 취하겠다는 마인드를 갖길 바란다.

또한 경직된 자세에서 일에 몰입하다 보면 각종 어깨 결림이나 목의 뻐근함을 유발할 수 있으므로 편안한 바른 자세를 유지하도록 노력하길 바란다.

하지만 황금 같은 주말을 컴퓨터 앞에서 시간을 보내기보다는 자기주도적인 삶으로 연결시키는 시간으로 활용해 보는 것은 어떨까……

생산적이고 효율적인 곳에 주말을 투자하는 것이 컴퓨터에서 유발되는 각종 질환으로부터 벗어날 수 있다는 것을 명심하길 바란다.

주말을 단순히 휴식을 취하려는 자세보다는 자신을 더욱 발전시킬 수 있는 요소들을 찾으려고 노력하길 바란다. 그러면 미래에 대한 불안과 걱정은 희망과 기쁨으로 바뀌게 된다는 사실들을 경험하게 될 것이다.

주말을 잘 보내는 유형

- 주말에도 기상 시간이 규칙적이다.

- 지속적인 취미생활로 삶을 풍요롭게 한다.

- 시간 활용에 노력해 자신만의 시간을 확보한다.

- 가족을 비롯한 소중한 사람들과 만족스러운 시간을 보낸다.

- 기혼의 경우 가족의 협조와 정확한 가사분담으로 아내와 남편 모두 효율적으로 시간을 관리한다.

- 여행이나 기타 야외에서 하는 취미활동을 통해 건강을 증진하고 생활의 활력소를 얻는다.

- 혼자만의 시간을 통해 자신을 돌아보고 안정을 취한다.

- 평소 하고 싶었던 공부도 하고 자기 계발을 위해 시간을 투자한다. 짧게는 일요일, 길게는 10년을 위한 목적을 세워 꾸준하게 실천한다.

주말을 잘 보내지 못하는 유형

- 자기 절제가 부족하다.

- 잠과 텔레비전 앞에서 무릎 꿇는다.

- 특별히 하고 싶거나 계획하는 일이 없다.

- 사교모임이 지나치게 잦거나 시간부담이 크다.

- 자기 삶에 대한 장기적인 포부나 목표가 불분명하다.

- 반복되는 집안일로 생기는 스트레스를 효과적으로 해소하지 못한다.

- 과도한 가족행사나 집안일로 자신의 시간을 갖지 못한다.

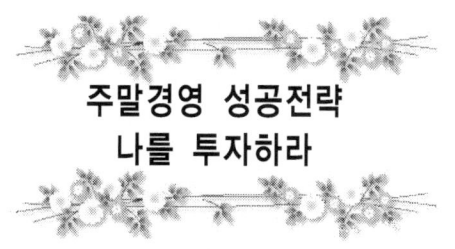

주말경영 성공전략
나를 투자하라

KBS1 〈뉴스9〉를 몇 년간 진행한 모 아나운서가 앵커직을 그만두고 돌연 미국 유학길에 오른다는 기사를 본 적이 있다. 몇 년간 차분한 진행으로 시청자들의 사랑을 듬뿍 받은 KBS1 대표 앵커 아나운서였다. 그러던 어느 날 그가 아나운서라면 누구나 선망하는 앵커 자리를 그만두고 미국 유학길에 오른다는 것이었다. 이 아나운서가 미국행을 결정한 대답은 의외로 간단했다. "마흔 살을 어떻게 살 것인지를 준비해야 하는 시기라 생각했습니다."라고 간단명료한 인터뷰를 했던 기사 내용이 지금도 생생하게 뇌리 속에서 잊혀지지 않고 있다.

현대 직장인 혹은 사회생활을 하는 모든 사람들은 미래를 걱정하고 있을 것이다. 인생 2막이라 할 수 있는 40대 이후를 진지하게 생각하며 보다 건설적이고 풍요로운 생활을 상상하며 즐거움을 만끽하고 싶을 것이다.

당신은 지금 인생 2막 혹은 3막의 갈림길에 서 있다. 주말을 생산적이고 효율적으로 잘 활용한다면 당신은 성공으로 가는 고속도로의 희망찬 성공의 문이 보일 것이다. 반대로 비생산적이고 의미 없는 시간을 보낸다면 결국 미래는 절망으로 가는 어둠의 터널이라는 문이 보일 것이다.

미래는 현재의 의지에 달려 있다. 행동의 의지라는 밧줄이 튼튼하게 짜여 있으면 다가올 5년 내지 10년 뒤의 '미래'는 밝을 것이다.

지금부터 '의지'의 중요성을 보여 주는 일화를 간략히 적어 보도록 하겠다.

> "독수리 한 마리가 길을 잃고 어느 농가에 날아들어 농부에게 그만 잡히고 말았습니다. 농부는 독수리의 발목에 쇠사슬을 채우고 말뚝에 단단히 묶었습니다. 묶인 독수리는 다시 자유를 찾기 위해 얼마나 몸부림쳤는지 깃이 빠지고 쇠사슬에 묶인 발목은 온통 피멍이 들었습니다. 이제 마지막으로 한 번만 더 날아 보고 안 되면 포기하기로 작정한 독수리는 온 힘을 발목에 주고 날개를 모았습니다. 대지를 박차고 날았으나 역시 실패하고 말았습니다. 독수리는 더 이상 날기를 포기하고 말았습니다.
>
> 그러나 마지막 비상에 실패하고 쓰러질 때 쇠사슬의 고리 한 부분이 빠져서 풀려 있었습니다. 농부가 이것을 발견하고 그 고리를 다시 연결하여 단단히 묶어 버렸습니다. 한 번만 더 시도했더라면 날 수 있었을 것을, 그 한 번의 고비를 넘기지 못해 그 독수리는 영원히 날지 못하고 말았습니다."

주말을 성공적이고 알차게 활용하겠다는 의지가 간절하길 바란다. 그래서 어떠한 고난과 어려움이 당신 앞에 다가와도 웃을 수 있는 여유로움을 잃지 않는, 미래를 철저히 계획하고 대처할 수 있는 '의지'의 밧줄이 나날이 튼튼해지기를 바란다.

그러나 '의지'라는 튼튼한 밧줄을 통해 희망찬 '미래'를 맞이하기 위해서는 선행조건이 필요하다. 그것은 자기 자신을 위해 투자하겠다는 마음이다.

미래에 대한 성공의 열망은 누구나 바라는 마음이다. 하지만 계획적이고 체계적인 실천전략이 선행되지 않는다면 미래의 성공은 마음

속으로만 간직되는 자신만이 가지고 있는 '암흑지(闇惑知)'로만 간직
될 것이다.

다가올 미래를 행복하게 맞이하고 싶은가! 주위의 모든 분들과 함
께 풍요와 여유 및 기쁨으로 서로 웃으며 만끽하고 싶은 마음이 간
절한가!

그렇다면 자신을 더욱 발전시키게 만들어 주는 주말 시간을 확보
해 계획 및 전략화할 수 있는 환경을 구축하길 바란다.

'유비무환(有備無患)' 정신으로 다가올 미래를 슬기롭게 대처하길
바란다.

나의 투자는 곧, 미래의 걱정 및 불안의 저승사자다.

－ 최원교

주말 아침에 학원에 등록하라

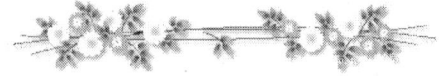

토요일과 일요일 오전에 허송세월 보내는 이들이 많다. 반복적인 회사 일에다 기타 많은 잡일을 통해 피로가 누적돼 있다는 사실 물론 인정한다. 그렇다고 특별한 계획 없이 뒹굴다 보면 어느새 자신도 모르는 사이 하루 일과는 끝이 나며 저녁을 맞이하게 될 것이다. 그럴 때마다 후회하는 아쉬움으로 또 다시 시작할 한 주에 대한 걱정을 하며 잠자리에 들 것이다.

공인중개사를 운영하고 있는 필자의 절친한 친구가 있다. 평소 성격이 활발하고 대화하는 것을 좋아하는 친구인데 주말만 되면 항상 무의미하게 잠과 텔레비전만 보며 시간을 보낸다.

필자는 주말을 허송세월 보내지 말고 주말을 이용해 취미활동을 하거나 자기 계발을 위해 시간을 할애하라고 종용하기도 하지만 늘 돌아오는 답변은 "아! 피곤해, 움직이기도 귀찮아, 그냥 무조건 쉬고 싶어."라는 말만 들어야만 했다.

다음 날 통화를 하면 더 피곤하다는 말을 듣는다. 그럴 때마다 '진정한 휴식이란 생산적이고 알차게 시간을 활용하며 쉬어야 피곤하지 않다!'라는 책의 구절을 이해할 것 같다.

황금 같은 주말 특히 오전시간을 알차게 활용할 수 있는 방안들을 모색해 보자. 취미활동을 통해 건강을 유지한다든지 자기 계발을 통해 회사 내에서 인정받을 수 있는 기틀을 마련한다든지 즉, 자신이 하고 싶은 것을 주말 오전을 활용해 보는 것은 어떨까? 요즘은 피트니스, 어학, 컴퓨터학습이든 직장인들이나 평소 주 중에 시간을 내기 어려운 분들을 위한 주말반이 많이 개설되어 있다. 주 중은 업무량으로 인해 시간을 활용하지 못하더라도 주말에라도 학원에서 자신을 위해 투자하는 시간을 갖는다면 보람을 느끼지 않겠는가!

가령 피트니스에 가서 웨이트 트레이닝이나 러닝머신을 통해 주 중에 쌓여 있던 누적된 피로가 해소되었다고 할 때 당신의 몸은 상쾌하고 가벼워질 것이고 다음 주는 활기찬 생활을 영위할 수 있다는 에너지로 충만될 것이라는 것을 느끼게 될 것이다.

단, 주말에 학원을 등록하더라도 계획적으로 생각하길 바란다. 오전 내내 늦잠을 자고 오후에 학원으로 향하는 것보다는 오전 일찍 학원 등록을 통해 생체 리듬을 계속 유지해 나가기를 강조하고 싶다. 오전에 자신의 발전을 위한 시간을 확보했다면 오후라는 시간은 여유로운 시간으로 남을 것이다.

"주말 오전에 하고자 하는 일을 모두 끝마쳤다면 오후에는 할 일이 없는데 어떻게 시간을 보내야 합니까?"라고 이의를 제기하는 사람도 있을 것이다.

필자가 얼마 전에 모 여대 기말고사를 채점한 일이 있었다. 성적을 환산하고 마지막으로 출석부를 보는 순간 의미심장한 기록을 발견했다.

"결석이나 지각도 하는 사람들만 하는 것이구나!"라는 것을 느꼈다.

오전에 시간을 잘 활용하고 계획적으로 보낸 사람들치고 오후에 한가한 시간이 주어졌다 하더라도 비효율적으로 시간을 헛되이 보내지 않을 것이다. "무(無)에서 유(有)를 창조한다."라는 정신을 입각해 생산적으로 오전 시간을 활용한 사람들이 오후를 비효율적으로 시간을 보내겠는가? 이들은 오전 시간을 이용해 자신을 더욱 발전시킬 수 있는 방법들을 찾아내려고 더욱 노력하며 시간을 보낼 것이다.

생체 리듬을 위해서라도, 미래를 대비하기 위해서라도, 하루하루를 의미 있게 보내기 위해서라도 주말시간 특히 오전시간을 잘 활용할 수 있는 방법들을 모색하고 강구하길 바란다.

세미나에 적극 참여하자

경제신문이나 일간지를 읽다 보면 자기 계발에 도움이 되는 다양한 세미나 개최 기사들을 많이 볼 것이다. 경기가 어려울수록 사람들은 돌파구를 찾게 된다는 심리를 반영한 듯 주말 세미나는 언제나 인기가 많고 활기차다.

필자도 주말에 이루어지는 세미나 참여에 적극적이다. 특히 경제 관련 세미나는 앞으로 경제가 어떠한 방향으로 흘러가고 있는지, 어떻게 대처해야 하는지에 대해 트랜드를 읽어 나갈 수 있게끔 많은 도움과 영향을 미치게 해 준다.

자기 계발 전문가들은 한결같이 "자신이 하고자 하는 분야에서 최고 수준의 성취와 성과를 끌어올리기 위해서는 최소한 10년 정도 지속적이고 꾸준한 훈련이 필요하다."고 말한다. 즉, 자신을 최고 수준으로 자리 매김하려면 한 분야에서 10년 정도의 집중적인 훈련과 노력이 뒷받침되어야만 인정받을 수 있다는 것이다. 10년을 어떻게 활용하느냐에 따라 훗날 '명품 인생'이 될 수 있고 최정상의 '전문가'라는 반열에 오를 수 있다는 것이다.

주말에 이루어지는 세미나에 적극적으로 참여해 보는 것은 어떨까?

다양한 세미나 참여는 자기 계발을 할 수 있게끔 도와주는 동기 부여의 역할을 해 준다.

주 중에 많은 업무량과 출근시간 등으로 자기 계발을 할 수 없다면 주말이라는 소중한 시간을 통해 자신을 발전시킬 수 있는 요소들을 찾아 노력해 보도록 하자. 지금은 다른 사람들과 별반 차이가 없다. 하지만 시간이 흐를수록 자기 계발을 충실히 실행한 사람들과 그렇지 않은 사람들과의 그래프의 상승곡선은 확연히 차이가 벌어질 것이다.

성공한 사람들의 공통적 특징은 중·장기 계획을 가지고 자기 계발에 열성적이었다는 사실을 상기하며 자신의 분야와 관계 깊은 세미나에 적극 참여하도록 노력하자.

적극적인 세미나 참여는 '명품 인생'의 반열에 오를 수 있도록 도와주는 성공의 길잡이로 변모시켜 줄 것이다.

주말 실천계획목록을 작성하라

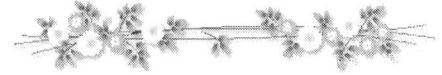

월간 / 주간 / 일일계획표를 작성했다면 주말 실천계획표를 따로 분류해 일목요연하게 작성하자. 체계적이고 계획적인 실천목록은 일관성 있게 일을 실천해 나가도록 도와주는 역할을 해 줄 것이다. 또한 주말을 어떻게 보내고 있는지에 대한 실상들을 더욱 정확히 파악하게 해 준다. 무엇보다도 실천목록을 통해 자신을 다시 한 번 되돌아보는 성찰의 시간을 가질 수 있다는 데 있다.

주 중과 마찬가지로 사명선언문, 시간, 스케줄, 주말노트란 등을 작성하자.

주 중과 달리 주말은 업무와 관계없는 자기 자신을 계발할 수 있는 목록 위주로 작성하길 바란다. 예들 들어 자기 계발, 가족 봉사, 대인관계, 각종 세미나 참석, 취미활동 등 주말을 효율적이고 생산적인 활동들 위주로 기록해 나가도록 한다면 주말은 가치 있는 시간으로 변하게 될 것이다. 그렇다고 주말실천계획표를 작성할 시 어렵게 생각할 필요는 없다. 주 중 일일계획표와 양식을 똑같이 하되 활용도 및 우선순위들을 자신의 주말에 하고자 하는 일에 응용시켜 기록하기만 하면 된다는 것이다.

주 말 실 천 계 획 표

_____week _____Month _____Year

(항목은 자신의 상황에 맞게 적용하시길 바랍니다.)

사명선언문

이번 주말 자기 계발 목록			오늘의 시간스케줄	
			시 간	활 동

주말 노트 (정보, 아이디어)

하고자 하는 일에 몰입하자

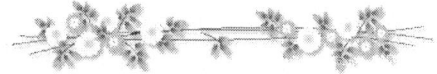

주 중이든 주말이든 자신이 하고자 하는 일에 집중해 몰입하다 보면 반드시 목표는 이루어진다고 믿는다.

효율적 시간 활용을 통해 일에 몰입하다 보면 자신의 하고자 하는 목표지점에 달성의 깃발을 꽂을 수 있는 밑거름이 되어 줄 것이다.

척센트미하이 교수는 『창의성의 즐거움』이라는 책에서 몰입상태에서 사람들이 경험하는 9가지 느낌을 다음과 같이 말했다.

- 첫째, 직장이나 집에서 종종 해야 하는 서로 상반되거나 목적이 불분명한 일상적인 일들과는 달리, 몰입 상태에서는 무엇을 해야하는지 분명히 알고 있다.

- 둘째, 몰입 상태에서는 자신이 얼마나 잘하고 있는지 안다.

- 셋째, 몰입 상태에 있을 때는 자신의 능력이 주어진 일을 하기에 적절하다고 느껴진다.

- 넷째, 행위와 인식이 하나가 되어야 한다.

- 다섯째, 몰입 상태의 또 다른 대표적인 특징은 지금 그 자리에서 하는 일만 의식하는 것이다.

- 여섯째, 몰입 상태에서는 무언가에 전념해 실패를 걱정할 여유가 없다.

- 일곱째, 경험하고 있는 그 자체가 목적이 되어야 한다.

- 여덟째, 몰입 상태에서는 시간을 잊게 되고 몇 시간이 마치 몇 분처럼 흘러갈 수 있다.

- 아홉째, 위의 성향들이 대부분 갖추어지면 우리는 무슨 일이든 즐기면서 할 수 있다.

또한 칙센트미하이 교수는 다음과 같은 메시지를 던졌다.

"결국 행복한 삶의 비결은 우리가 하는 일에서 몰입하는 법을 배우는 것이며, 자신이 하고자 하는 모든 일에서 의미를 찾는 것이다."

필자는 〈자기경영 성공전략〉이라는 도서를 집필하는 동안 '시간'이라는 글자를 여러 번 반복해 쓰며 집필해 왔다. 시간이라는 글자를 독자들에게 강조하고 싶었던 모양이다. 시간을 효율적으로 잘 활용한다면 누구나 목표를 달성할 수 있다는 메시지를 알리고 싶었던 것 같다.

목표를 달성하기 위해서는 많은 시행착오가 기다릴 것이며 장애물들이 당신 앞에 직면해 서 있을 것이다.

그럴 때마다 끊임없이 변신하고 신념을 가지고 계속해 도전하는 자세를 갖길 바란다. 성공과 실패는 '자신의 마음가짐에 있다는 것'을 다시 한 번 강조하며 집필을 마무리하고자 한다.

〈자기경영 성공전략〉 도서가 당신의 삶에 조금이라도 도움을 주는 데에 기폭제가 되기를 간절히 바란다.

「자 목 련」

코뿔소 한 마리
겨울 속에서 성큼성큼 걸어 나온다
달큰한 봄바람이 잠을 깨워
두리번두리번 길게 기지개 켠다
참았던 양기 솟듯 돋아나는 뿔
담벼락도 무너뜨릴 것 같다
색색, 내뿜는 콧김에 흐려지는 시야
불뚝불뚝 발기하는 뿔, 자줏빛이다
뿔 앞세우고 곧장 달라붙을 듯
오만방자한 코뿔소
빳빳한 뿔에 받힌 몸이 어질어질하다
코뿔소 지나간 자리
알싸한 향기만 나른하게 누웠다.

〈출처: 박현숙 『소리에도 향기가 있다』〉

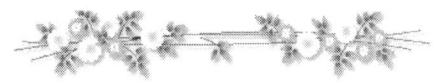

참고문헌

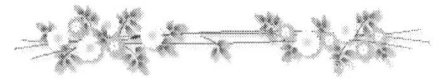

최원교, 『태권도수련생들을 위한 비만클리닉』, 한국학술정보, 2008

강규형, 『성공을 바인딩하라』, 지식의 날개, 2008

백기락, 『석세스플래닝』, 한스미디어, 2004

지칠규, 『인생의 챔피언을 탄생시키는 무도철학』, 대한태권도출판사, 2003

김동조, 파워혁진 세미나자료집, 2008

김영수, 『아주 특별한 습관』, 김&정, 2007

유재복, 『번뜩이는 아이디어 발명·특허로 성공하기』, 새로운 제안, 1999

김창남, 『실패의 기술』, 블루미디어, 2008

특허청, 특허정보원 홈페이지.

전익기, 『한국태권도문화연구원』, 월간자료집.

최원교, 『태권한자운동프로그램 연구 논문』, 한국학술정보, 2008

안광호, 실천경영아카데미 세미나자료집, 2008

권혁기, 『위기의 인생2막』, 더북스, 2007

브라이언 트레이시, 김동수, 이성엽 역, 『잠들어 있는 시간을 깨워라』,
　　　황금부엉이, 2005

최효찬, 『메모의 기술2』, 해바라기, 2004

버크 헤지스, 강민호 역, 『당신이 1인기업이다』, 아름다운 사회, 2004

차동엽, 『하는 일마다 잘되리라』, 동이, 2006

로버트 로젠탈, 심재관 역, 『기대와 칭찬의 힘 피그말리온 효과』, 이끌

리오, 2003

이인석,『한국 최고경영자 100인의 좌우명』, 청년정신, 2004

니시다 미쓰히로, 함광남 역,『1인 비즈니스』, 하서출판사, 2004

사카토 캔지, 고은진 역,『메모의 기술』, 해바라기, 2005

버크헤지스, 박옥 역,『당신이라는 1인기업』, 나라, 2006

박희준, 김용출, 황현택,『독서경영』, 위즈덤하우스, 2006

브라이언 트레이시, 정범진 역,『목표 그 성취의 기술』, 김영사 2003

브라이언 트레이시, 서사봉 역,『백만불짜리 습관』, 용오름, 2005

토머스 J, 스탠리, 장석훈 역,『백만장자 마인드 1,2』, 북하우스, 2000

사이쇼 히로시, 최현숙 역,『인생을 두배로 사는 아침형 인간』, 한스미
디어, 2003

· 저자 ·

최원교   **·약 력·**

1976년 수원 태생(33세)
경희대학교 태권도학과 졸업
성균관대학교 과학기술대학원 졸업
전, 외국어고, 대학강사
현, 에듀컬연구소 대표

인체측정전문가
뇌파측정분석사
한자교육지도사
한자능력자격시험 1급

대학생 창업경연대회 우수상
인체측정분석 소프트웨어 독자 개발
태권도를 이용한 한자학습 (발명특허획득)
태권도 도복용 띠 (실용신안 획득)
태권다이어트 (상표출원)

·주요저서·

『발표와 한자 내손안에』
『비만클리닉』
『태권한자운동프로그램 연구 및 효과』
『자기경영 성공전략』
『태권한자카드』(출간예정)
『태권영어교실』(집필중)
외 다수

태권도 사부의
자기경영 성공전략

- 초판 인쇄 | 2008년 8월 12일
- 초판 발행 | 2008년 8월 12일

- 지 은 이 | 최원교
- 펴 낸 이 | 채종준
- 펴 낸 곳 | 한국학술정보㈜
  경기도 파주시 교하읍 문발리 513-5
  파주출판문화정보산업단지
  전화 031) 908-3181(대표) · 팩스 031) 908-3189
  홈페이지 http://www.kstudy.com
  e-mail(출판사업부) publish@kstudy.com
- 등   록
- 가   격   23,000원

ISBN 978-89-534-9874-7 93320 (Paper Book)
      978-89-534-9875-4 98320 (e-Book)